떠나고 싶을때
떠날 수 있을때

떠나고 싶을때
떠날 수 있을때

신미식 글·사진

푸른솔

떠나고 싶을때
떠날 수 있을때

2009년 12월 21일 초판 발행
2013년 3월 25일 초판 3쇄 발행

지은이	신미식
발행자	박흥주
발행처	도서출판 푸른솔
편집부	715-2493
영업부	704-2571~2
팩스	3273-4649
주소	서울특별시 마포구 도화동 251-1 근신빌딩 별관 302호
등록번호	제1-825
값	13,000원
ISBN	978-89-93596-06-9(03810)

이 책은 푸른솔과 저작권자와의 계약에 따라 발행한 것으로
무단 전재와 무단 복제를 금합니다.

Parts of the fortress are damaged or destroyed during the Second World War.

Left: Due to food shortages the Moat is used as allotments for vegetable growing.

During the First World War the Tower is used to hold German prisoners of war.

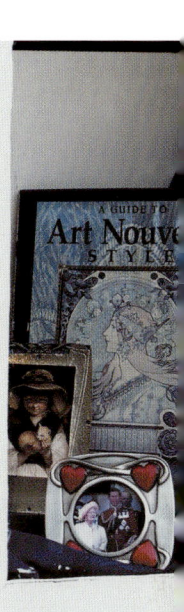

L'ATELIER BRANCUSI
31/01/1997
galerie d'information
CENTRE GEORGES POMPIDOU
S

여행을 떠날 땐 항상 내 전부를 갖고 떠났다.

그것이 얼마든 돌아와서 안위할 것을 남겨 두지 않고 떠났다.

머물 수 있을 때까지는 그것에만 최선을 다하고 싶었다.

실크로드를 여행할 때 가장 많이 먹은 것이 과일이다.
달콤한 사과 향에 지갑을 연다.
시큼한 포도 향에 다시 한 번 지갑을 만진다.
여행에서의 쇼핑은 문화를 체험하는 것이다.

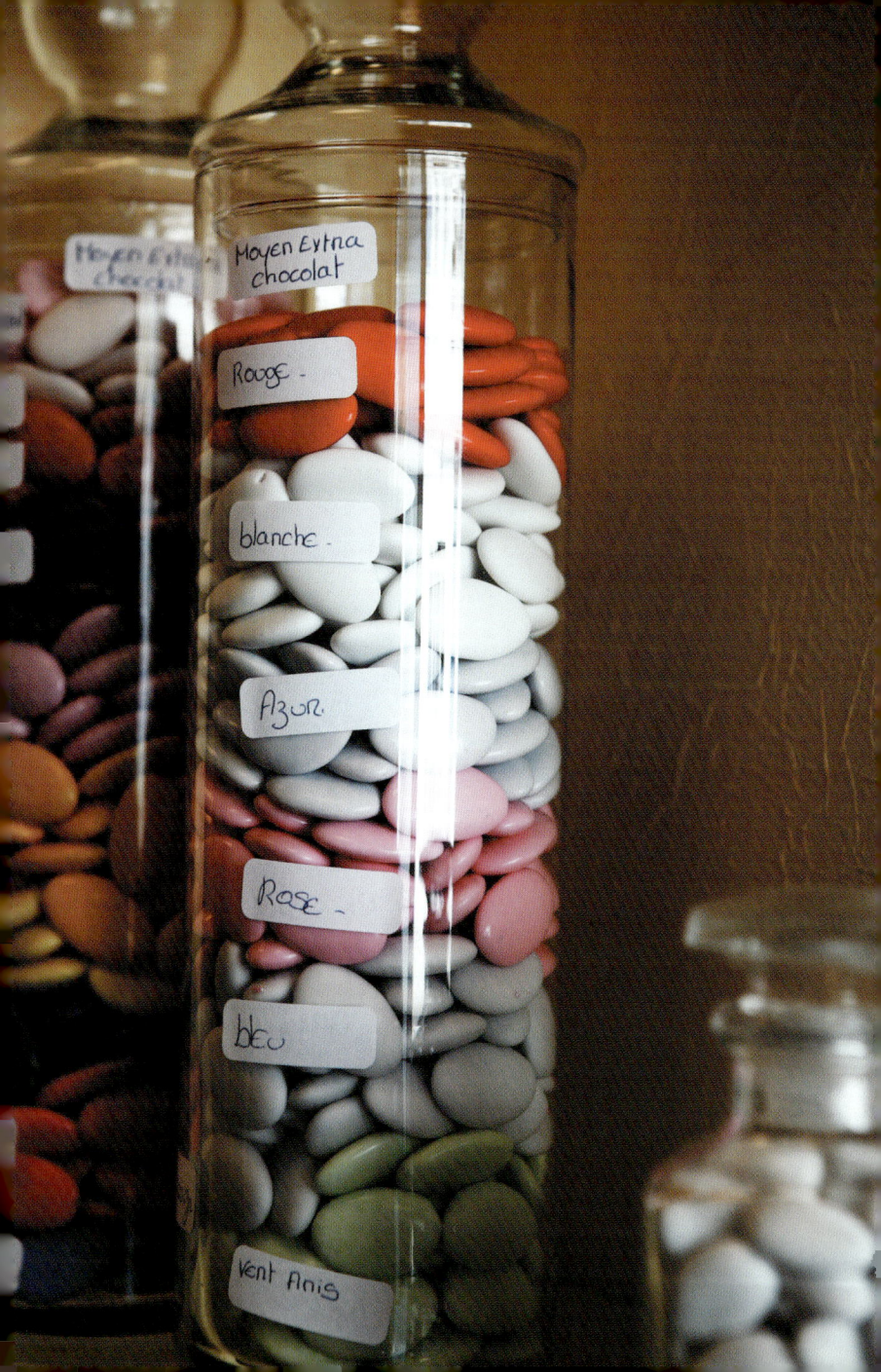

어떤 사람은 100미터 달리기하듯 전력질주하며 살고,
어떤 사람은 산책하듯 느릿느릿 걸어 나가지만
어차피 인생에 결승점은 없어.
삶의 속도를 조금만 늦추고 천천히 걸어 봐.
그 길이 더 많은 것을 보여 줄 거야.

추천의 글

신미식의 사진은 제가 하는 작업처럼 한 장의 사진에 공을 들여 승부를 거는 작업이 아닙니다. 또한 지식을 전달하거나 보도를 하려는 의도도 없습니다. 그저 인생을 여행에 빗대어 그의 정서를 들려 주고 싶을 뿐입니다. 화가로 말하자면 그는 작업실에서 캔버스에 그림을 그리는 사람이 아니라 작은 스케치북을 들고 다니며 단상을 묘사하고 은유적으로 기억을 메모하는 사람입니다. 그리곤 여행에서 돌아와 자신이 만든 공간 안에서 작은 속삭임으로, 사람들에게 마치 옛날 얘기인 듯 편안하게, 그러나 정성스럽게 이야기를 들려 줍니다. 그의 시선에는 비판의식이 없어 보입니다. 재미있게 얘기하자면 그의 카메라는 날카로운 펜이 아니라 부드러운 면봉의 텃치로 세상을 묘사합니다.

제가 볼 때, 신미식 작가의 작업은 사진 비평의 영역이 아닙니다. 큰 얘기를 하는 사람도 아니고 사진실력을 보여주려는 사람도 아닙니다. 그가 의도하였건 의도하지 않았건 간에 그의 작업 태도는 그저 '가벼운 마음' 입니다. 즉 그는 예술가도 작가도 기자도 아닌 다른 방법 혹은 스토리텔링의 기술상으로 볼 때 아마추어적인 홀가분한 태도를 취합니다. 그러나 그런 attitude의 오랜 일관성을 유지함으로 인해 그는 '깊고 긴 울림'을 전달하려는 사람입니다.
그는 사진 찍는 것을 좋아하지만 본질적으로 이야기하고 표현하는 것을 좋아합니다. 그는 본 것을 보여주는 것이 아니라 느낀 것을 들려 주는 사람입니다.
신미식 작가는 지금까지 상당히 많은 책을 출판했습니다. 제가 지금껏 그의 책을 본 바로는 내용이나 사진들의 느낌이 거의 비슷합니다. 그런데 왜 또 그는 비슷한 책을 낼까요? 그리고 사람들은 왜 항상 비슷한 그를 반겨줄까요?
사람들의 감수성은 '하루' 라는 시간에 빗대어 크게 다섯 가지로 분류될 수 있습니다. 아침, 대낮, 저녁, 밤, 새벽.
신미식 작가는 그 중에서 초저녁 즈음의 감수성을 일관되게 건드리고 있습니다. 사람의 인생으로 말하자면 소년, 소녀적 감수성입니다. 유치할 수도 있지만 하루에 한 번씩 잠깐이라도 초저녁 노을을 바라보며 반드시 느끼는 비현실적 감수성입니다. 이것은 낮과 밤 사이의 짧은 몽상적 브릿지 같은 역할만을 하는 듯 하지만 반드시 있어야만 하는 필수 발랜스 감수성입니다.
현재 그는 오랜 일관성으로 인해 그 몽상의 깊이가 양적으로는 호흡의 길이가

짧아지거나 작아지고, 깊이로는 점점 더 예리해져 가고 있는 듯 합니다.
저는 사진작가 선배로서 신미식님을 생각하지는 않습니다.
그저, 저를 좋아하고 믿는 형으로 생각합니다. 작가의 영역에서 그를 보는 것이 아니라 인생의 영역에서 그를 대할 뿐입니다. 저는 그의 작품, 특히 이번 책을 보고 더욱 더 그렇게 느끼고 보았습니다. 교훈이나 지식이나 진실을 의식적으로 전달하려는 사람이 아니라 작은 목소리의 수다로 했던 얘기 또 하고 맨날 딴 세상 얘기를 하고는 있지만 '사진 찍는 이야기꾼'으로서의 그의 빈자리는 크게 느껴질 것이라고.

미식이 형님,
늘 길 위에서 만나는 '초저녁 노을'을 담아서 들려 주시길 바랍니다.

강영호(사진작가)

책을 내면서

돌아오는 것에 대한 감사

세상에 그냥 살아지는 삶이란 없다. 내 스스로 노력하면서 살아 내야 할 뿐이다. 거저 주어지는 삶이란 존재하지도 않는다. 한 줄의 글을 쓰지 않고 책이 만들어지기를 기다리는 작가는 없다. 한 장의 사진을 찍지 않고 감동을 기다리는 어리석은 사진가는 없다. 많은 글을 쓰고 그 중에서 고르고 골라 흰 여백을 채운다. 수없이 많은 사진을 찍고 그 중에 몇 장을 골라 책을 만들어 간다. 셀 수 없이 많은 골목을 걷고 들판을 걷고 사람들을 만나며 여행자는 여물어 가는 것이다. 죽을 것처럼 외로움을 맛본 다음에야 외로운 이들을 격려하는 방법을 알아가는 것이다. 지독한 가난을 경험한 후에야 가난한 사람들의 마음을 위로할 수 있는 것이다. 당장은 아픈 그 과정들이 나를 성장시킨다. 나는 내가 걸어온 결코 순탄치 않은 과거의 삶을 사랑한다. 과거의 삶이 있어서 지금의 내가 있기에 더욱 그렇다. 이렇게 당당히 그 과거를 이야기할 수 있는 지금이 나에겐 축복의 시간이다. 이제 새로운 마음으로 세상을 바라보려 한다. 더 따뜻하고 더 아름다운 이야기를 만들어 가려 한다.
책을 쓰는 것은 나에게 꿈이었다. 나는 지금 그 꿈을 먹으며 산다. 처음 사진을 시작하면서 상상하지도 못했던 나의 막연한 꿈. 그것은 내가 살고 싶은 궁극적인 목표이자 꿈이다.

- 청파동에서 신미식

차례

추천의 글	30
책을 내면서	34
EUROPE	38
AFRICA	66
ASIA	134
NEWYORK	168
NEWCALEDONIA	172
KOREA	182
TRAVEL	208

사람

누군가를 사랑한다면 그 사람의 아픔까지도 사랑해야 한다.
누군가를 가슴에 담으려 한다면 내 안의 것을 덜어 내 자리를 비워 둬야 한다.
그 빈자리를 채워 가는 시간들이 행복이라고 말할 수 있기를……
그렇게 되기를 바란다.
가장 많은 웃음을 가진 사람에게서 느껴지는 슬픔에는 진한 삶이 녹아 있다.
가장 많은 사람을 곁에 둔 사람에게서 느껴지는 외로움엔
씻기 힘든 과거가 있다.
아무리 많은 시간이 지나도 잊혀지지 않는 것이 있다.
그것은 아픔일수록 더하다.
그러나 그 아픔을 견뎌 낸 사람만이 세상을 가슴으로 품을 수 있다.
사람은 그렇게 많은 것을 견디며 단단해지는 것이다.
그 당연한 진리를 다시 한 번 가슴에 되새긴다.

떠나는 시간은 너무나 멀고

스스로 돌아오는 시간은 가깝다.

준비 없는 이별은 슬프다.

그러나 이별을 알고 미리 준비해야 한다면

난 스스로 견디기 힘들어 미치지 않을까?

모든 걸

쥐고 있다가

모든 걸

놓아 버렸다.

아플 것 같았던 가슴은

현실 속에 잊혀져 가고 있다.

친구와의 여행

노르웨이의 지방도시 하게순(Haugesund)의 외곽, 도시가 훤히 내려다보이는 언덕에서 만난 낡은 캠핑카에는 수염이 덥수룩한 남자와 덩치가 엄청나게 큰 검정개가 있었다. 어림 짐작으로도 꽤 오랜 동안 여행을 해 온 듯한 이 캠핑족에게 가볍게 인사를 건넸다. 마치 오래된 친구와도 같은 남자와 개는 자연스러운 모습으로 낯선 동양 남자의 출현을 반겼다.

순간 친구라는 단어가 머릿속을 스쳤다. '사람과 사람 사이만이 친구는 아니구나' 라는 생각이었다. 오랜 시간 같은 공간을 공유하며 살아온 남자와 애완견의 사이에 신뢰가 느껴졌다. 여행의 동반자로 서로를 의지하는 이들의 모습이 참 편하게 느껴졌다.

농담으로 건넨 "당신의 애인인가요?" 라는 내 짓궂은 질문에 해맑은 웃음을 보이던 남자의 선한 눈빛이 파란 하늘을 갈랐다. 그렇게 투명한 마음으로 세상을 살아가니 얼마나 행복할까? 이들은 앞으로의 여정에도 그렇게 오래도록 서로를 신뢰하며 살아갈 것이다. 그 진실한 여행이 부디 천국의 시간이기를 기원해 본다.

운명을 믿는
사람들

어쩌면 운명이란 존재하지 않을지도 모른다.
아무것도 아닌 것을 운명이라고 믿으면서 자신의 길을 가는 현명한 사람들이 있을 뿐.
나는 지금 내가 가는 이 길이 나의 운명이라고 믿는다.

당신도
그런 적 있나요?

여행지에서 풍광을 보면서
자신은 아무런 감동도 없는데

주변의 모든 사람들이 환호성을 질러댈 때
자신도 모르게 과장된 감탄을 토해 낸 적은 없었는지

가끔은 자신이 아닌 다른 사람으로 부터
그 곳의 아름다움을 발견하게 되기도 한다.

여행의 즐거움

여행에서 만나는 자연스런 모습들이 좋다.
특별한 것을 보지 않아도 멋진 풍광을 보지 못해도
내가 꿈꾸는 여행은 그곳 사람들의 일상으로 들어가 보는 것이다.
노천 카페에서 차를 마시며 담소를 나누는 사람들 속으로 잠시 들어가
그들과 같은 시간을 보내 보는 것,
그것이 내가 원하는 진정한 여행이다.
특별한 것을 탐구하기 보다 소소한 일상을 만나는 즐거움이
나에겐 더 소중하다.
여행을 마치고 집으로 돌아와서도 그런 시간들이 나에겐 깊이 남는다.
그렇게 여유 있는 시간들이 나를 다시 그곳으로 돌아가게 만드는 힘이다.
여행은 결코 특별한 것을 필요로 하지 않는다.
잠시 나를 잊고 그들과 같은 시간을 갖는 것.
나에겐 그것이 여행이다.

남자들의 우정

선착장에 나이가 지긋한 중년의 두 남자가 있다.
한 남자는 여객선을 기다리고 한 남자는 친구를 배웅 나왔다.
20분 가까이 두 남자를 관찰했다.
때론 조용히 어깨를 다독이고 때론 조용히 말 벗이 되어주는 친구.
두 사람에게서 오랜 세월 쌓아 온 진한 우정이 느껴졌다.
떠나는 사람도 떠나보내는 사람도 아쉬운 듯
배가 선착장에 들어오자 서로 고개를 돌렸다.
그렇게 진하고 아픈 이별이 느껴졌던 친구와의 우정.
이별의 아쉬움은 꼭 이성만이 아니라는 사실.
당신은 가장 친한 친구를 아주 멀리 오랫동안 떠나 보낸 적이 있나요?

오래 전 친한 사이였던 친구가 결혼을 한다고 했다.
그 당시 나와 친구는 이미 결혼 적령기를 넘긴 상태였다.
친구는 아는 분의 소개로 지금의 아내를 만났는데
보기에도 서로 성격이 달라보였다.
한동안 만남을 이어오던 친구가 나를 찾아와
"그 여자와는 도저히 결혼을 못하겠다" 며 푸념을 늘어놓았다.
내가 생각해도 어울리지 않는 상대여서
"내가 생각해도 헤어지는 게 낫겠다"고 맞장구를 쳤다.
그 이후로 난 그 친구가 헤어질 줄 알았는데 어느날 청첩장을 들고 찾아왔다.
결혼 날짜를 잡았다고…… 난 뒤통수를 한 대 얻어 맞은 기분이었다.
결혼해서도 그 친구는 성격 차이로 자주 부부싸움을 했다.
그럴 때 마다 나에게 찾아와서는 아내 흉을 보는 것이었다.
난 결혼전 사건(?) 때문에 이번에는 절대로 맞장구를 치지 않았다.
어느날 친구에게 물었다. "결혼 생활은 행복하냐고?"
친구가 웃으면서 말했다.
"미식아, 그 사람 성격은 그래도 언제나 내 편이야."
"이 세상에 무슨 일이 있어도 그 사람은 내 편이 되어 주거든."
누군가 무조건적으로 내편이 되어 준다는 게 얼마나 행복한 건지.
그게 바로 지금의 아내라는 사실. 그게 사랑이라고 했다.
아, 사랑이란 어느 순간에도 내 편이 되어 주는 사람을 만나는 거구나.
누군가를 사랑한다는 것,
전적으로 그 사람의 편이 되어 줄 준비가 되어 있는 사람에게 다가오는 것이다.
추운 날 사랑하는 사람의 품에 안겨 있는 여인의 모습에서 진한 믿음이 느껴진다.
나는그저 부러운 시선으로 카메라의 앵글을 고정시켰다.

여행이란?

난생처음 파리에 가서 친구에게 전화해서 한 말은.
"야, 여기 파리야."
"지금 공중전화야."
"파리 전화기 엄청 멋있다."
"나 진짜 파리 공중전화기 만져 봤어."

여행은 아주 특별한 것을 필요로 하는 게 아니다.

진짜 사진가

나의 성장은 나를 믿는 것으로 부터 시작된다.

여행자는 진짜 여행자를 닮고 싶어한다.

사진가는 진짜 사진가를 존경한다.

나는 이 시간 진짜 사진가가 되고 싶어진다.

사람들의 마음을 움직이는 그런 사진을 찍는 사진가.

운명처럼 마음을 바꿀 수 있는 그런 사진가가 되고 싶다.

가슴으로 받아들이고 가슴으로 감동을 느낄 줄 아는

평범한 사람들에게서 위로가 되는 그런 사진을 담고 싶다.

세상의 지식과 눈이 아닌 평범한 사람들의 눈에서

보여지는 사진이 되길 소망한다.

삶이란

벼랑 끝에서 찾아 낸

작은 희망으로부터

시작 되는 힘이다.

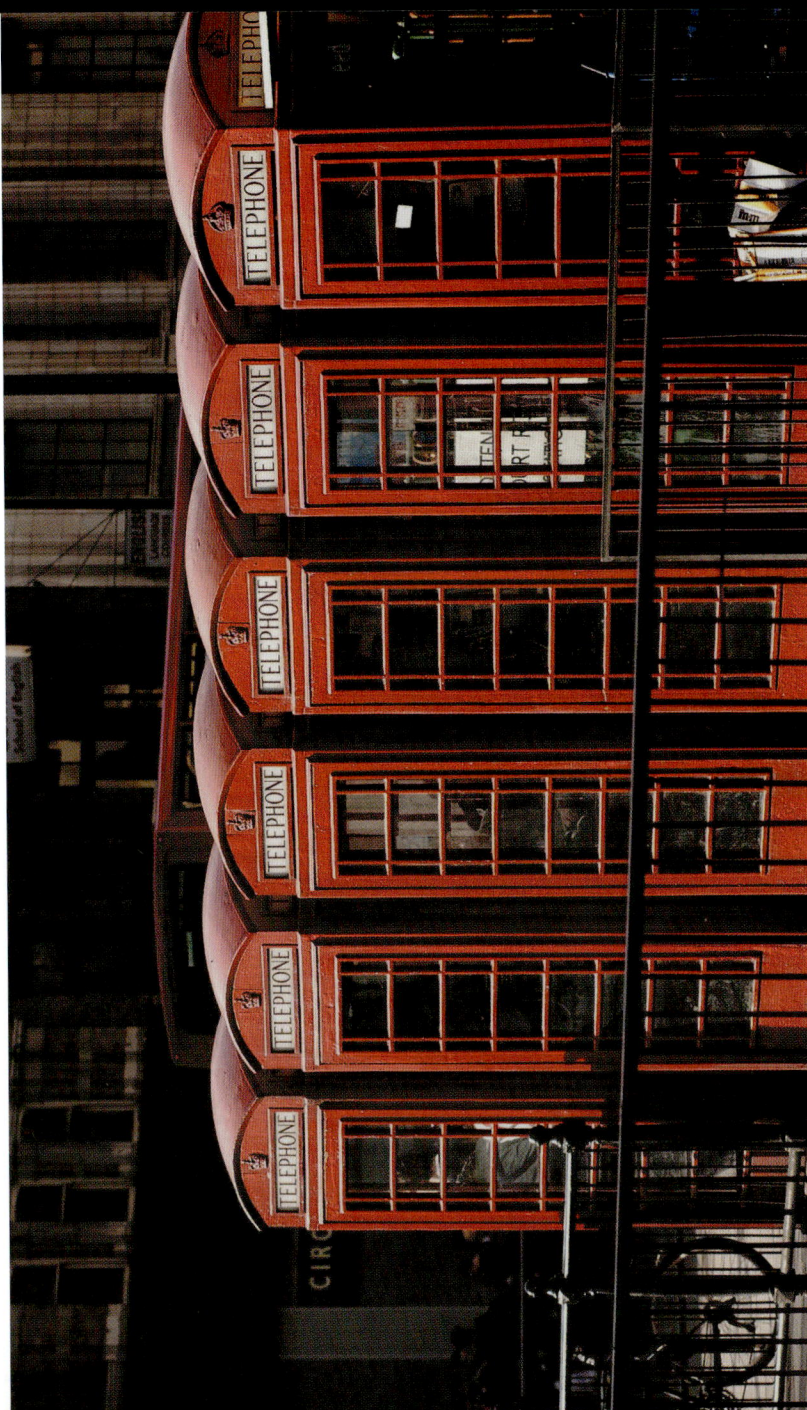

유럽의
하늘 아래

지금쯤 유럽의 하늘 아래를 걷고 있겠군요.
너무 급하게 서둘지 마세요.
너무 마음 조급하게 다니지 마세요.
그냥 다리가 아프면 쉬고 마음이 허하면
시원한 바람에 자신을 던지세요.
지나다 멋진 카페가 있으면
거품 가득한 카푸치노 한잔 하는 것도 잊지 마시고요.
유럽은 그렇게 마음이 여유로워지는 곳이잖아요.
건강하게 잘 다녀와서 여행이야기 많이 해 줘요.

가장
외로운 사람

어느날 누군가 당신에게 말을 걸어 온다면 이유를 묻지 말고 친절하게 대해 줘.
어쩌면 지금 그 사람은 가장 외로운 시간을 보내고 있을지도 모르니까.
그리고 그냥 함께 같은 곳을 바라 봐 주었으면 좋겠어.

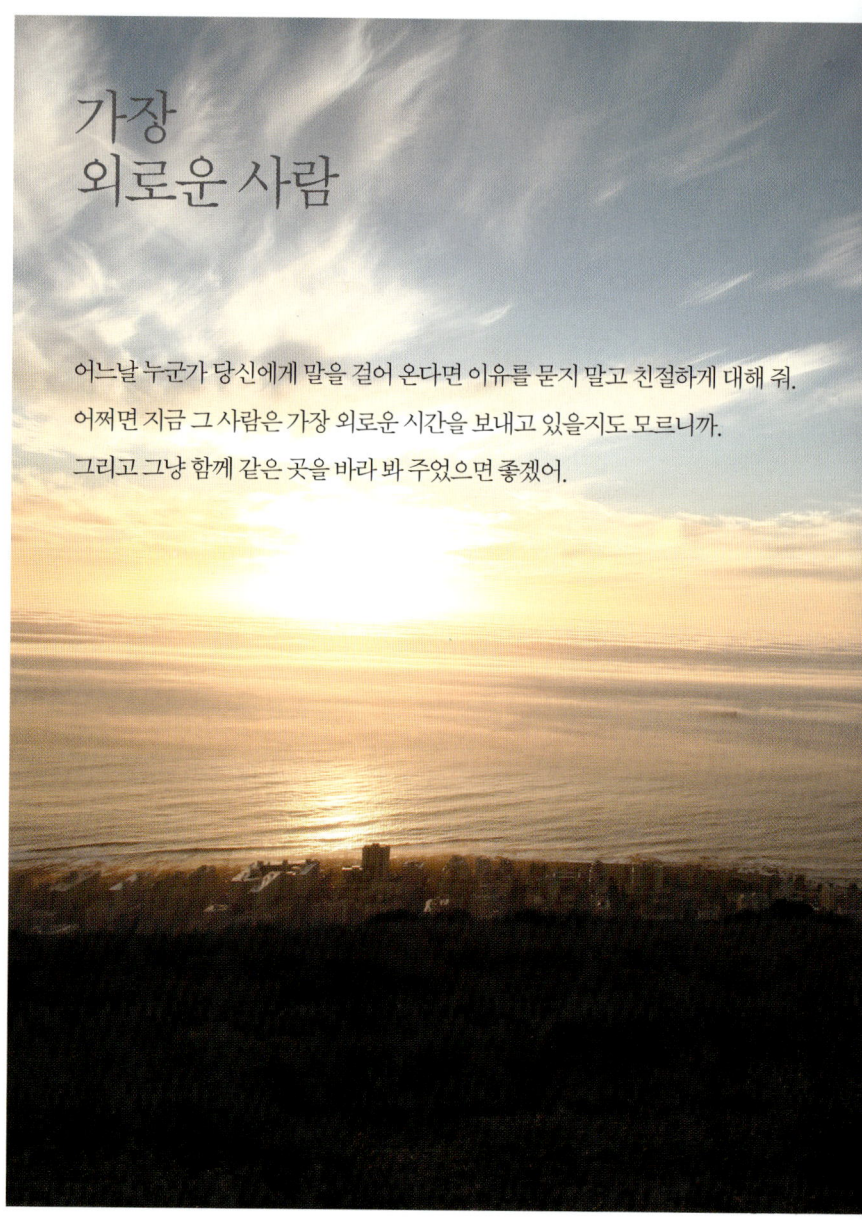

나를 믿는다

나는 내 자신이 걸어가는 길의 의미를 잘 모른다.
살아가면서 스스로에게 자유롭지 못하다면 여행자가 되는 일은 없었을 테니까.
남들이 나에게 손해라고 생각하는것들도
돌이켜보면 가장 현명한 선택이었을 때가 있다.
나는 남들이 나에게 참 어리석은 사람이라고 할 때도 내 자신을 믿는다.
세상 이치로는 분명 손해일지라도 그 길을 걷는 것은 결국 선택이다.
많이 아프고 많이 지쳤고 무너져도
일어날 수 있는 힘만 있으면 포기하지 않는다.
수없이 많은 시간, 포기를 머리에 담고 살았지만
결국 가슴이 그것을 허락하지 않았다.
앞으로도 나는 지금까지 생각한 포기보다, 더 많은 좌절을 겪을지도 모른다.
그 좌절의 시간에 난 스스로의 선택을 믿는다.
세상 사람들이 다 이해하지 못하는 결정을 한다 해도 나는 나를 믿는다.

시간이 지나면

새로운 사진을 찍을 용기가 나지 않을 때가 있다.
그럴 땐 지난 사진들을 들여다 본다.
그리고 그 사진 앞에 있는 나를 생각해 본다.
사진 속에서 이야기를 만들어 낸다.
나는 그 순간 왜 이 사진을 담게 되었을까?
시간이 지나면 감정도 변하게 될 때가 있다.
그렇다고 그때의 시간이 진심이 아닌 것은 아니다.
내 시선을 멈추게 한 이 한 장의 사진 속에는 어릴 적 내 어머니가 있었다.
그리고 그 옆에는 어린 내가 있었다.
장터 바닥에서 몇 푼 되지도 않는 농산물을 팔던 내 어머니.
그 옆에서 그런 어머니를 응원하던 나는 이제
그 때 내 어머니의 나이를 닮아가고 있다.
그럼에도 난 아직 철없는 어른인 것을······

행복한 사진

카메라 셔터를 누르는 순간 흔하지는 않지만 가슴이 울리는 때가 있다.

왠지 모를 뭉클함으로 카메라를 꼬옥 껴안는 때가 있다.

사진을 가슴에 안고도 한동안 그곳을 떠나지 못할 때가 있다.

돌아와 오랜 시간이 지나도 변하지 않는 그 감정 때문에 행복할 때가 있다.

이 사진을 촬영할 때의 감정이 그렇게 …… 그렇게 …… 설레였음을.

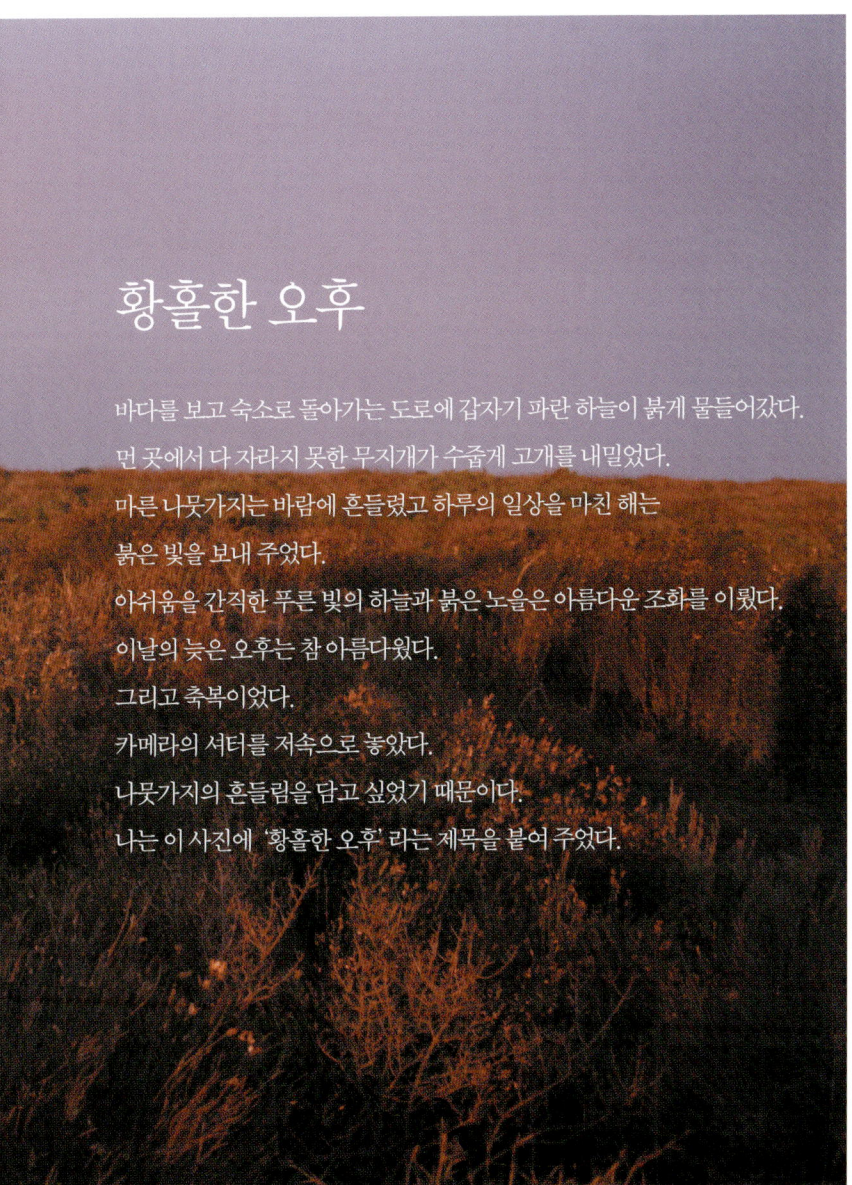

황홀한 오후

바다를 보고 숙소로 돌아가는 도로에 갑자기 파란 하늘이 붉게 물들어갔다.
먼 곳에서 다 자라지 못한 무지개가 수줍게 고개를 내밀었다.
마른 나뭇가지는 바람에 흔들렸고 하루의 일상을 마친 해는
붉은 빛을 보내 주었다.
아쉬움을 간직한 푸른 빛의 하늘과 붉은 노을은 아름다운 조화를 이뤘다.
이날의 늦은 오후는 참 아름다웠다.
그리고 축복이었다.
카메라의 셔터를 저속으로 놓았다.
나뭇가지의 흔들림을 담고 싶었기 때문이다.
나는 이 사진에 '황홀한 오후' 라는 제목을 붙여 주었다.

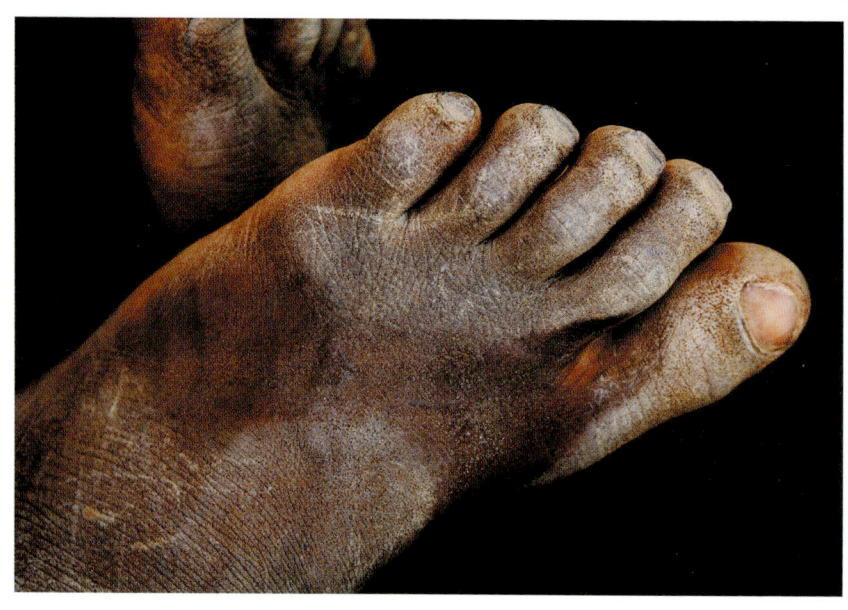

발 아래
엎드려

사람들의 발을 보면 그 사람의 삶이 느껴진다.
삶의 무게를 생각하게 하는 사람들의 발을 카메라에 담으며
나는 무엇을 말하고 싶은 것인지.
때로는 나도 모르는 감정이 있을 때가 있다.
아무런 이유 없이 마음 가는대로 눌러지는 카메라 셔터의 순간은
그들에게 다가가고 싶은 감정일 것이다.
사람의 몸에서 가장 낮은 발이 결국 사람의 몸을
온전히 지탱해 주는 역할을 한다.
그래서 나는 발을 많이 보게 되는지도 모른다.
그 낮아짐의 순간에 다가오는 인간애.
그 미묘한 감정을 사랑한다.

미소

어느 순간에서도 웃음을 잃지 않기를.
나를 향해 던진 그 보석 같은 미소가 영원하기를.
나에겐 너를 바라보는 마음뿐이지만
너는 그 마음을 가슴에 담았을 것 같다.
아주 짧은 시간, 그리고 너무나 아쉬운 인연.
아픈 엄마를 부축해 병원을 찾은 너의 착한 마음을 기억한다.
수술을 마치고 돌아가는 엄마를 부축하던 그 믿음직스러운 어깨.
비록 아직 소년이지만 너무나 어른스러웠던 너의 그 마음이 생각난다.
집으로 돌아가면서 뒤돌아 나에게 감사 인사를 던지던 너의 눈과 손.
잘 지내고 있겠지.
그렇겠지.

카푸치노
한 잔

몸은 지쳤지만 마음은 넉넉했던 에티오피아에서의 카푸치노 한 잔.
여행 내내 마시는 커피의 양이 참 많았다.
그리고 한국에서는 잘 마시지도 않는 카푸치노를 왜 그렇게 열심히 마셨던지.
그냥 에티오피아에서는 그래야 할 것 같았다.
커피 만큼은 가장 최고를 자랑하는 곳이었으니.
그 명성에 맞게 입 안에 감돌던 향긋한 커피 향.
여행을 마치고 돌아오면 많은 것들이 그립지만
에티오피아에서는 커피가 자꾸만 맴돈다.
그 진심이 담긴 진짜 커피 한 잔.
마실 수 없음이 안타까움이다.

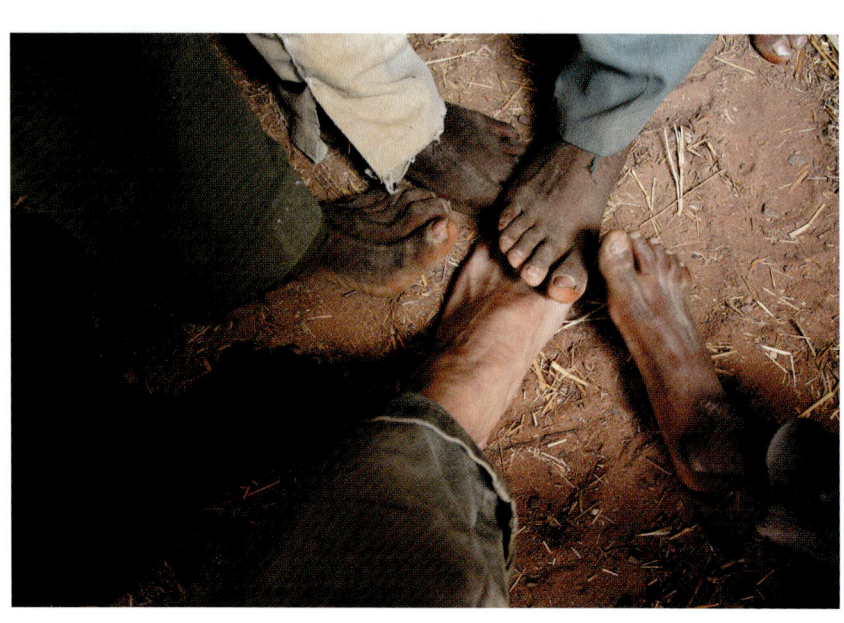

발 인사

에티오피아의 시골에서 만난 사람들은 신발을 신지 않은 경우가 많았다.
그들의 맨발을 보면서 신발을 신고 있는 내 발이 민망하다는 생각이 들었다.
신발을 벗었다.
시원한 황토의 촉감이 좋았다.
그리고 나를 바라보는 사람들에게 다가가 발을 내밀었다.
의도적으로 한 남자의 발 아래 내 발을 집어 넣었다.
처음엔 의아해하던 사람들이 친구가 되려는
내 마음을 알았다는 듯 미소를 보내 주었다.
남자의 발이 내 발을 덮었다.
가볍게 내 발 위에 자신의 발을 올려 놓은 남자는 미안한 표정을 지었다.
나는 이렇게 낯선 사람들과 발 인사를 나눴다.
손을 잡는 것이 아닌 서로의 발을 포개 놓는 발 인사.
같아진다는 것은 결국 마음을 연다는 것이다.
분명 피부색은 다르지만 한 마음으로 연결된 발 인사는
특별한 소통의 시간을 갖게 했다.

손짓

소년의 손이 허공을 갈랐다. 순간 나는 소년의 손을 향해 카메라 셔터를 날렸다. 왜 그런지는 모르겠지만 난 이 한 장의 사진에 많은 감정이 담겨 있다고 생각한다. 얼굴이 아닌 사람의 손에도 표정이 담길 수 있다는 것을 느꼈다. 이 사진을 보는 사람들이 내 생각을 다 이해하기를 바라는 것은 어쩌면 이기적인 생각일지도 모른다. 그러나 사진은 결국 작가의 주관적인 생각들을 보여 주는 것이라 생각하기에 난 이 한 장의 사진에 내가 느낀 감정을 부여하고 싶다. 여행하면서 사람들을 만나고 카메라에 그들의 얼굴을 가장 많이 담는다. 그리고 가끔 그들의 발과 손을 바라보면서 그들이 살아온 삶을 생각한다. 이 한 장의 사진을 통해 나는 소년의 얼굴을 떠올린다. 짧은 시간이지만 나와 나눔을 가졌던 소년의 선한 눈동자를 기억한다. 쓸쓸해 보이던 소년의 눈빛이 지금도 아른거린다.

친한 친구가 나에게 말했다.
너는 바람이라고.

나는 친구에게 말했다.
나에게 오는 그 바람을 잠재우며 살지 않겠다고.

화화 (火花)

남아프리카공화국 케이프타운에 있는 테이블마운틴 입구.
한때 화재가 나서 불에 탄 흔적이 곳곳에서 느껴졌다.
그 중에 가장 눈에 띈 것이 불에 탄 나무와 꽃이었는데 그 모습이 참 색달랐다.
한 번도 본 적 없는 나로서는 그저 신기할 수밖에 없는 회색 꽃.
그 순간 머리를 스치는 생각 하나.
"꽃은 죽어서도 그 아름다움을 잃지 않는구나."
비록 고유의 색을 잃었지만 눈부시게 파란 하늘과 참 잘 어울리던 화화(火花).

마음의 빚

아이들의 웃음은 언제나 보석이다. 그 보석을 만나고 돌아오면 내 마음도 그렇게 빛난다. 아이들의 마음을 받아들이고 나를 아이들에게 보내는 시간이 얼마나 축복된 것인지. 스스로에게 묻는다. 이처럼 빛나는 미소를 본적이 있는가? 이처럼 빛나는 눈동자를 본적이 있었던가? 그 앙증맞은 손으로 인사하던 아이들. 난 그 아이들에게 마음의 빚을 지고 사는 사람이다. 그렇다. 갚기 힘든 마음의 빚을.

세상! 가장 뜨거운 땅에서 호흡을 한다.

세상에서 가장 거칠게 살아가는 사람들 속에서

내가 얼마나 연약한 존재인지를 알았다.

그동안 너무나 말랑말랑하게 살아온 시간들이 한 없이 부끄러워진다.

나는
크리스찬이다

아프리카의 지붕이라는 '시메인산'을 내려와 '곤다르'로 향하는 중에 들른 가축시장에서 만난 소년의 목걸이가 눈길을 잡아끌었다. 그러고 보면 나도 별 수 없는 크리스찬인 것은 분명하다. 여행하면서 만나는 교회나 십자가를 보게되면 자꾸만 발걸음이 멈춰지는 것을 보니 말이다. 에티오피아는 오래전부터 기독교가 번창한 나라다. 그래서인지 아이들이나 어른들의 목걸이는 거의가 십자가였다. 소년의 십자가는 지친 걸음을 한 호흡 쉬어가게 하는 역할을 해줬다. 종교는 내 삶을 지탱해 주는 중심이다. 만약 종교가 없었다면 나는 지금의 내가 아니었을것 같다. 가장 힘들었을 때 나를 지탱해 준 것은 종교의 힘이었다. 내가 사랑하는 그 예수님에 대한 사랑은 나를 일어나게 하는 힘이었다. 나약한 나를 맡기고 살아올 수 있었던 그 귀한 시간들. 앞으로도 내 길이 온전히 그 분의 뜻과 동일하기를 기도한다.

나는 나와 같은 십자가를 목에 건 소년에게서 진한 애정을 느꼈다. 그 맑고 고운 눈빛으로 나에게 미소를 보내는 그 마음은 어쩌면 나에겐 달콤한 휴식이 되었는지도 모른다. 낯선 이에게 마음을 열고 다가오는 그 마음을 나는 가슴에 안기만 하면 된다. 사진을 찍는 것은 어쩌면 중요한 일이 아닐지도 모른다. 그저 소년과 나와의 짧은 교감이 느껴진다면 그것으로 난 행복하다. 그러나 나는 사진가다. 내가 만난 소년의 미소를 사람들에게 소개하는 일. 그 일이 나는 즐겁고 행복하다. 이렇게 행복한 미소를 만날 때는 더욱 그렇다.

초록 바다

초원에 한참 동안 시선을 빼앗겼다. 바람이 불어와 눈 앞의 초록 바다를 흔들었지만 난 자꾸만 어릴 적 고향을 떠올렸다. 내가 살던 그곳도 이렇게 초록으로 물든 곳이었다. 학교 갔다 돌아오는 논둑길에서 나를 반기던 어머니 모습도 눈에 어른거렸다. 오랜만에 지난 추억을 몸으로 느끼며 나는 행복했다. 그것도 다름 아닌 에티오피아의 시골 마을에서.

세상은 다 같은 고향을 갖고 있는 듯하다. 내가 추억으로 기억하고 있는 어린 시절 초록의 동산에서 아프리카의 동산까지. 이들이 살아가는 이 땅은 너무나 평화롭고 아름답다. 그 아름다움이 찬란히 빛나던 이곳도 나에게 새로운 고향이다. 그곳이 어디든 마음에 담아 두고 지우지 않으면 그곳도 고향이 되는 것이니까. 난 이제 내가 만난 에티오피아의 모든 것을 지워지지 않는 가슴에 담아 두려 한다. 그렇게 다시 이곳으로 가는 걸음을 재촉할 날이 올 거라 믿으며……

눈빛

눈빛 하나만으로도 사람을 가둘 수 있다는 것을 알았다.
소년의 강렬하고도 진한 눈빛이 내 심장에 박혀
빠져나가지 못한다는 사실을 알게 됐다.
에티오피아에서 만난 사람들에게서 가장 먼저 보이는 것은
살아 움직이는 눈빛이었다.
그 어떤 나라에서도 보지 못한 그 강렬함은
순수를 장전한 채 그렇게 빛나고 또 빛났다.
아마 뜨거운 태양과 가까이 있어서인지도 모른다.
그래서 그 찬란한 빛을 눈동자 가득 저장하며 살아서인지도 모른다.
난 이곳에 얼마나 머물러야 이들과 같은 눈빛을 간직할 것인가?
부질없는 생각이라는 것을 알지만
조금이나마 닮고 싶은 소망마저 버리고 싶지는 않다.
여행을 마치고 돌아와서도 지워지지 않는 소년의 눈빛을 꺼내 본다.

가장
아름다운
미소

아이들은 낯선 이방인에게 세상에서 가장 아름다운 미소로 포즈를 취해 준다.
마치 내가 세상에서 가장 잘난 사진가라도 되는 듯.
그렇게 귀한 마음으로 모델보다 더 멋진 포즈를 취해 주었다.
아이들의 눈동자는 진실됐고, 아이들의 미소는 살아 있었다.
꿈틀대는 생명이 사진에서도 느껴지듯,
이날 아이들은 나에게 최선을 다해 마음을 보냈다.
나는 아이들에게 부실한 미소를 보냈을 뿐인데도 말이다.
난 아이들과 함께 하면서 사람과 사람 사이의 간격이
얼마나 좁은 것인지 알게 됐다.
그리고 아이들의 손을 잡으면서 우리가 얼마나 닮은 사람인지를 알게 됐다.
마음을 열고 다가가는 그 순간이 이처럼 행복하다는 사실을
아이들의 미소로 느낀다.
내가 만난 무수히 많은 세상의 아이들.
그 아이들에게 나도 좋은 사진가로 기억되고 싶다.
다시 만날 기약을 하지 않더라도 말이다.

눈물

가끔 눈물이 날 때가 있다.
그냥 이유없이 눈물이 난다.
속상해서도 아니고 슬퍼서도 아니다.
음악을 들으면서도 사진을 보면서도 눈물이 흐를 때가 있다.
어쩌면 내 안에 눈물이 얼마나 남았는지 확인하고 싶어서인지도 모른다.
아직 메마르지 않은 내 눈물의 양은 얼마나 남아 있는 것일까?
아직 고갈되지 않은 채 내 몸 안에 남은 눈물을 확인하고 싶을 때가 있다.
더 울어도 되는것인지, 더 슬퍼해도 되는 것인지,
더 쏟아내도 되는지 확인하고 싶을 때가 있다.
남은 양이 많지 않다면 그마저도 아껴야 하니까.
어쩌면 흘리는 눈물이 사치일 수도 있다.
그럴 땐 그저 어깨를 들썩이기만 해야 한다.
그럴 땐 그저 가슴을 부여 잡아야만 한다.
더 이상 내 안의 눈물을 고갈시키지 않기 위해서……
약하면 약한 척 하고 산다.
강하지 않으면서 강한 척 하고 싶지 않다.
그냥 있는 그대로 나를 이야기하고 보여 주는 것이 옳다고 생각한다.
사람이란 누구나 연약한 존재이니까.
그래야 사람인 거지.

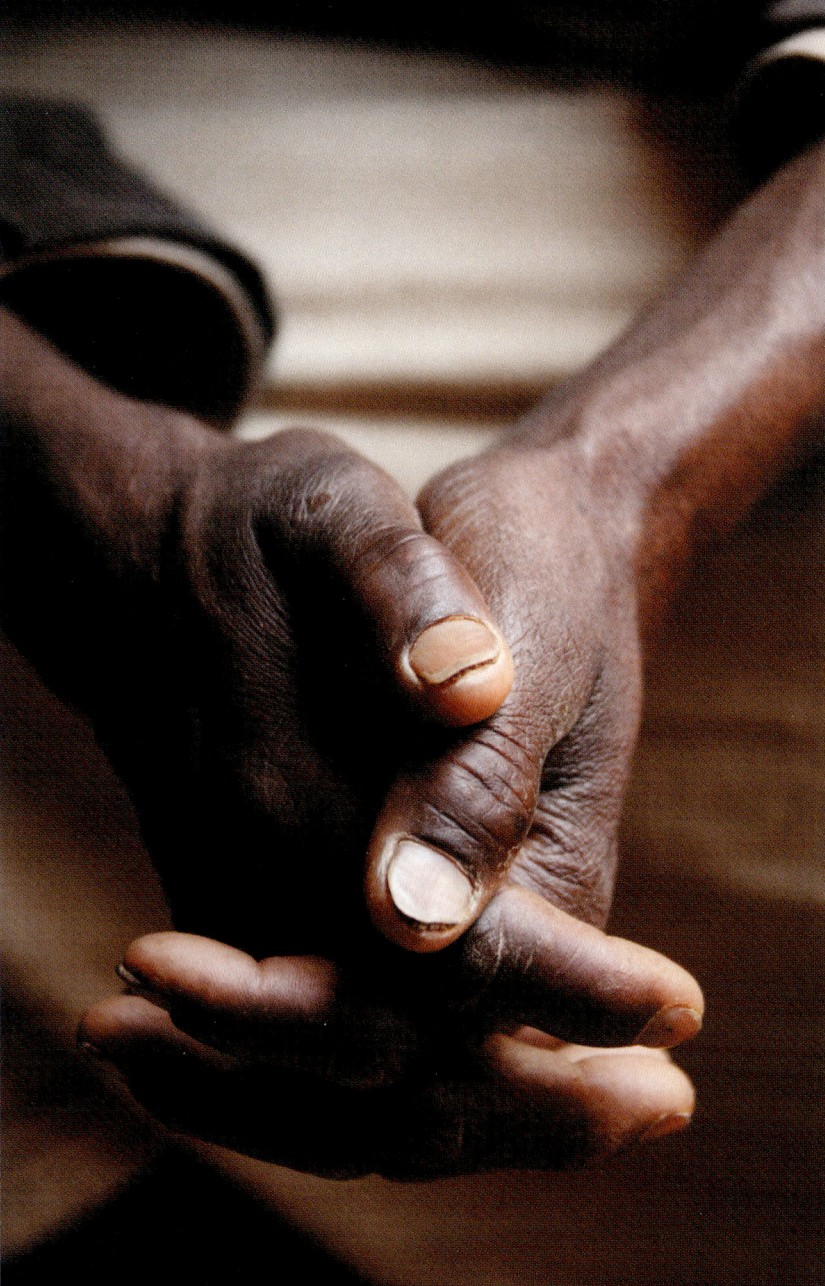

장화 신은 아이

소년의 한쪽 발에만 장화가 신겨 있었다.
모래밭에서 공을 차던 아이는 카메라를 든 나를 보자
달려와서는 멋지게 포즈를 취한다.
모래밭에서 공을 차는 것도 쉽지 않은데,
장화까지 신고 공을 차는 모습이 신기하다.
그러고 보니 다른 아이들은 모두가 맨발이다.
그래서일까?
한쪽 발의 장화만으로도 아이의 얼굴에 자부심이 가득하다.

사랑한다

아이의 빛나는 눈과 사랑스런 미소가
카메라의 앵글 속으로 들어왔다.
그리곤 나에게 말을 하는 것 같았다.
빛나는 태양 아래서 아이와 나눈 시간은 너무 짧았지만
다행스럽게도 사진은 오랜 시간 추억을 기억하게 해준다.
아이의 사진은 오늘 하루 팍팍했던 내 감정에 단비가 되어 준다.
한 없이 맑고 고운 아이의 사진을 꺼내어 그 시간 속으로 돌아가는 꿈을 꾼다.
말하고 싶다.
사랑한다고.
사랑한다! 사랑한다! 사랑한다!
내 앞에 다가와 준 그 시간 속의 너를 기억하면서.

여행지에서의
인연

여행의 즐거움 중 하나는 그곳의 사람들과 미소를 나누는 것이다.

그 미소를 주고 받는 시간의 길이는 그렇게 중요치 않을 수도 있다.

그저 마음이 따뜻해지는 것을 느낄 수 있으면 그것으로 족하다.

그 작은 이유들이 다시 인연을 불러오게 된다.

견고한 삶

바싹 마른 건기의 사파리에도 아직 남아 있는 물가가 있다.
먼지 나는 길만을 다녀서인지 물을 본다는 것만으로 마음까지 시원해지던 곳.
몇 마리의 코끼리가 물풀을 뜯어 먹고 있다.
아프리카에서 물이 얼마나 소중한지는
건기철에 이곳을 여행해 본 사람들은 안다.
아직 우기가 오려면 멀었지만 동물들은 어떻게든 견디고 살아 남아
 풍요로운 초원을 누릴 것이다.
자연의 섭리 속에 살아온 동물들의 견고한 삶.
내가 만난 마른 땅의 생기 없는 동물들이 아닌
 초롱초롱 빛나는 눈의 동물들을 보고 싶다.
드넓은 초원을 쉼없이 달려나가는 그 벅찬 생명력 넘치는 발자욱 소리를……

이 한 장의 사진

이 사진을 촬영하고는 카메라를 가슴에 꼬옥 안았다.
떨리는 가슴을 진정시키면서 카메라의 화면으로 보여지는
이 사진을 몰래몰래 바라봤다.
마치 다른 사람에게 들키면 큰일날 것처럼 마음을 조이면서.
바보처럼 히죽히죽 웃으면서 말이다.
가끔 마음에 드는 사진을 담을 때가 있다.
그런 사진은 내 자신을 얼마나 행복하게 하는지.
오랜만에 난 사탕을 받아든 어린아이처럼 행복했다.
이 한 장의 사진을 담고 얼마나 기뻐했던지.
이 한 장의 사진을 담고 얼마나 흥분되던지.
사진을 찍어 본 사람들은 안다.
마음에 드는 사진 한 장이 스스로를 성장시킨다는 느낌.
이 사진은 내 감정을 성장시켰다.
그 당시도 그렇지만 여행을 마치고 돌아온 지금도 여전히 그렇다.
내 스스로 너무 좋다고 말하고 보니 참 주책맞다는 생각이 든다.
그래도 좋은 것을……
오늘 하루만 저의 주책을 이해해 주시기를……
그리고 이 사진을 보는 여러분들도 잠시 행복해지시기를……

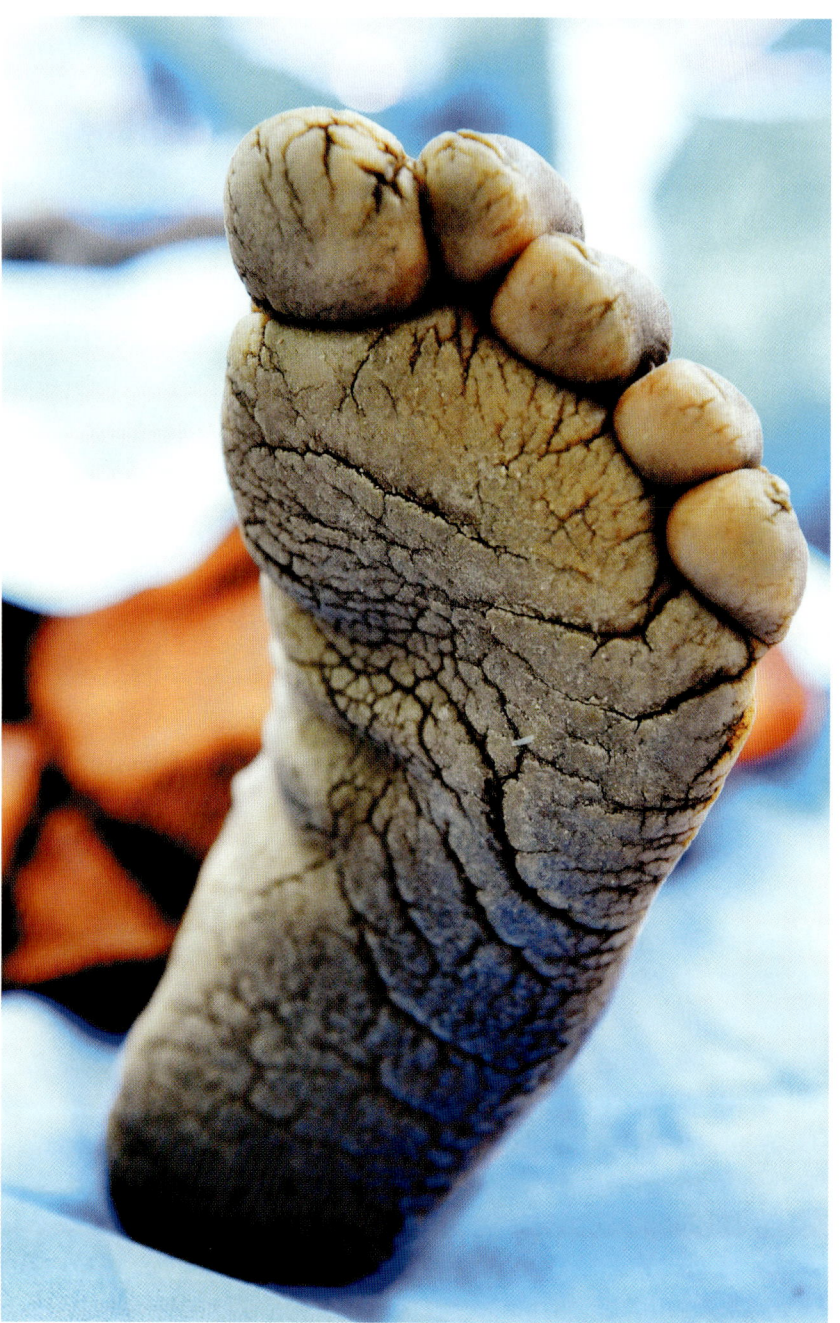

발

유독 사람의 발에 마음이 간다.

왜 그런지는 알 수 없지만 사람들의 발을 많이 쳐다보게 된다.

우간다의 시골 병원에서 만난 환자의 발이 마음을 아프게 한다.

만져 주기도, 감싸 주기도 힘들 만큼 갈라진 발을 보면서 어찌할 바를 몰랐다.

바보처럼 허둥대던 어설픈 감정은 지금 이 사진을 보면서도 마찬가지다.

오늘 편안한 신발에 둘러싸인 허연 내 발이 너무나 사치스럽다.

연기 속으로

말라위의 아침은 현지인들이 피우는 장작불로 인해
안개 같은 연기가 뿌옇게 산을 덮는다.
하루의 시작을 알리는 듯한 그 모습은
어디에서도 접하지 못한 신비로움이다.
연기가 피워 내는 몽환적인 마을에서
한 남자는 자전거를 끌고 일상으로 나오고,
아기를 업은 엄마는 마을로 들어가기 위해 걸음을 재촉하고 있다.
더 이상 말이 필요 없는 시간.
그저 카메라 셔터를 누를 수밖에.

마지막 사진

우간다 쿠미의 시골병원에서 만난 여인이 카메라를 든 나를 보고는 다가와
간절한 눈빛으로 사진을 찍어 달라고 한다.
처음에는 자기 사진을 원하는 줄 알았는데 병원에 입원한
어머니의 사진을 찍어달라는 것이었다.
병실에서 만난 어머니는 허리 쪽에 호스를 연결한 채 누워 있었다.
한눈에 보기에도 건강 상태가 안 좋아 보였다.
사실 아픈 사람을 촬영하는 것은 부담스럽다.
편하게 웃음을 유도하기도 어렵고 거동이 불편해서
원하는 대로 촬영을 하기도 어렵다.
최선을 다해 촬영을 하고 다음날 휴대용 프린터로 인화해서 병실로 찾아갔다.
어머니 독사진과 가족이 함께 촬영한 단체사진과 함께.
그런데 사진을 받는 딸의 행동이 나를 당황스럽게 만들었다.
그냥 평범하게 사진을 받는 것이 아니라 무릎을 꿇고
두 손으로 감사를 표하며 사진을 받았기 때문이다.
우간다에서는 상대방에게 무릎을 꿇는 행동은 최고의 존경을
나타내는 것이라고 한다.
나는 겨우 사진 몇 장을 촬영해 주었을 뿐인데.
사진을 받아든 가족들과 어머니도 행복해하셨다.

아마 가족사진 촬영은 이번이 처음인 것 같았다.
하루가 지나고 나서 어제 사진을 전해 준 가족들이 자꾸만 생각이 났다.
그래서 인사라도 할 겸 병실을 찾았는데 어머니가 누워 계셔야 할 병실이
텅텅 비어 있었다.
그 자리엔 노란 담요만이 쓸쓸하게 누군가를 덮어 놓은 채.
의아한 마음에 병실을 나오는데 어제 그 딸이 나를 보더니 다가와
손을 잡고 갑자기 눈물을 쏟아 낸다.
그리곤 하는 말이 오늘 아침에 어머니가 돌아가셨다는……
갑자기 멍하니 할 말이 없어졌다.
결국 어제 촬영한 사진이 마지막 사진이 된 것이다.
돌아오는 내내 가슴이 아려왔다.
그래도 한편으로는 그렇게라도 사진을 찍어드려서
다행이라는 생각도 들었다.
어쩌면 그 딸은 어머니의 생이 얼마 남지 않았다는 것을
알고 있었는지도 모르겠다.
그래서 그렇게 애타게 사진을 원했던 것인지도.

유리구슬

아이의 수정 같은 눈에 세상을 비췄다.
이렇게 아름다운 눈을 보면서 사랑스럽지 않을 수가 있을까?
내 손을 잡은 앙증맞은 손과 눈동자를 번갈아 봤다.
너무나 사랑스러운 요정 같은 아이.
내가 만난 가장 투명한 유리구슬과 같은 눈동자였다.

순수함과 천진함

철원에서 어르신들의 영정 사진을 찍고 돌아온 날
갑자기 아프리카 아이들의 얼굴이 떠올랐다.
왜 그런지는 알 수 없지만 아이들과 어르신들의 모습은
닮아 있다는 느낌이 들었다.
아이들은 카메라를 자신들의 장난감으로 만들어 버리고
어르신들은 카메라에 자신들의 기나긴 인생을 담은 얼굴을 맡겼다.
그 둘의 공통점은 순수함이다.
아이들의 천진함과 어르신들의 순수함이 어쩌면
공통점을 찾게 했는지도 모른다.
카메라는 나에게 스승이 되어가는 것 같다.

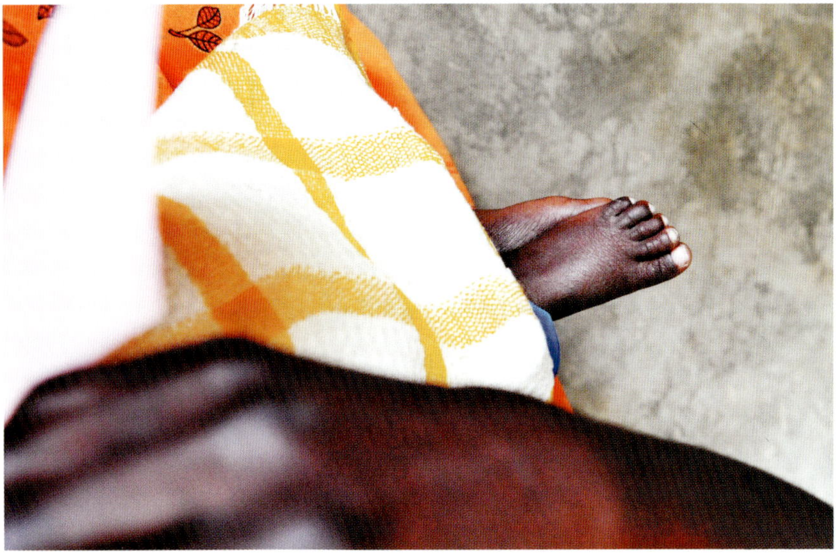

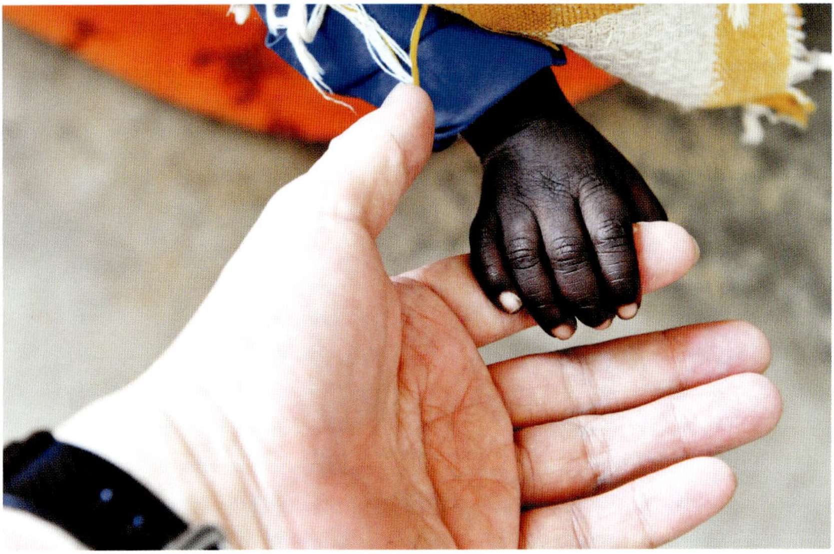

아기는 천사다

아기를 업은 엄마가 다가왔다.
포대기에 둘러 업힌 아이의 까만 손이 삐죽 삐져나왔다.
동그란 눈에는 호기심이 가득 담겨 있었다.
장난기가 발동해 아이의 통통한 볼을 꼬집었다.
이러면 안 되는 줄 알면서 자꾸만 아이에게 손이 갔다.
그리고 엄마가 눈치채지 않게 통통하고 앙증맞은 볼을 살짝 비틀어 줬다.
너무 귀엽고 사랑스러워서. 아기가 인상을 찌푸린다.
왠지 미안한 마음이 든다. 왼손을 내밀었다.
아이는 그 작고 앙증맞은 손으로 내 손가락을 잡았다.
아, 너무나 사랑스런 아이의 앙증맞은 손이 눈에 들어 왔다.
나머지 한손으로는 나와 아기의 손을 카메라에 담았다.
이렇게 작고 사랑스러운 손을 본 적이 없었던 것 같다.
아기의 옅은 체온이 전해져 왔다. 너무나 사랑스럽다.
그렇게 가슴으로 느껴질 때 아이의 조그만 발이 드러 났다.
다시 아기의 발을 카메라에 담았다. 아기는 그 자체만으로도 천국이다.
아기의 눈동자와 아이의 손과 발이 모두 천사였다.
우간다에서 만난 나의 천사는 지금도 엄마 품에서
편한 꿈을 꾸고 있을 것 같다.

아프리카의 빛

아프리카의 빛이 먼지를 담아 나무숲 속으로 스며들었다.

아프리카의 오후는 유난히 붉은 빛이다.

햇살도 그렇고 먼지도 그렇다.

풍광을 바라보는 내 마음도 어느덧 붉게 물들고 있다.

그 햇살 사이를 오토바이 한 대가 카메라 속으로 들어온다.

나는 아프리카의 길과 나무숲과 찬란한 오후의 햇살에 취한 채 눈을 감았다.

단지 카메라 셔터는 가슴으로 눌러졌을 뿐.

사진가는 그렇게 가슴으로 셔터를 누르는 법을 스스로 알아야 한다.

그래야 피사체가 가슴으로 들어와 박히는 것이다.

내가 누른 오늘의 셔터는 분명 가슴이 허락한 것이다.

케냐의 축복

가슴이 터져 버릴것만 같았다.

달리는 차 지붕에서 미친 듯이 카메라 셔터를 눌렀다.

끝없이 펼쳐진 평원을 달리는 내내 난 이 세상을 그대로 통과하는 것 같았다.

세상을 통과해 내가 사는 세상이 아닌 곳으로 빨려 들어가는 착각에 빠졌다.

황토의 싸한 내음이 코끝에 흙먼지와 함께 전해져 왔다.

그냥 아무 생각이 나지 않았다.

눈물이 볼을 타고 흘러내렸지만 그냥 그대로 두었다.

바람이 실어 갈 것이기에.

그 바람이 내 작은 눈물을 이 땅에 남겨 줄 것이기에.

그냥 그 순간의 감정을 느끼고 싶었는지도 몰랐다.

세상에 태어나 아름다운 풍광에 취해 울어 보는 세 번째 시간이었다.

18년 동안 여행하면서 세 번째 느껴 보는 가슴벅찬 희열.

뒤로는 킬리만자로가 머리에 하얀 눈을 뒤집어 쓴 채 아련하게 나를 바라보고 있다.

지금 이 시간은 분명 축복이다.

여행자에게 자연이 주는 축복.

그 축복의 시간에 내가 할 수 있는 것은 두 가지다.

가슴에서 눈물을 토하고 그 감정으로 카메라 셔터를 누르는 일.

그렇게 케냐의 평원은 나를 반기고 나는 그 평원을 가슴에 안았다.

스침

인연은 스침이 아니라 기억함으로써 가치 있는 것이 된다.
내가 만난 수많은 스침들이 결국 인연이었다고 말할 수 있으면 좋겠다.
찰나의 순간이지만 카메라에 저장된 사람은 분명 나에겐 인연이다.
나는 그 인연의 소중함을 안고 살아가고 싶다.
내가 잊지 않는 한 지워지지 않는 소중한 기억들.
인연과 기억은 어쩌면 실과 바늘 같은 것.
인도에서의 짧은 스침은 이렇게 다시 인연으로 세상에 소개된다.

사랑은
특별하지 않아도 좋다

여행은 떠남이 아니라 새로운 만남의 시간이라고 한다. 그 새로운 만남의 시간이 꼭 나와 직접적인 인연이 아닐 수도 있다. 마카오의 밤은 이상하게 외로웠던 것 같다. 주변은 휘황찬란한 야경이 번쩍이는 도심인데도 나 혼자 섬에 갇혀 있는 듯 그렇게 쓸쓸했다. 숙소 근처를 산책하고 있을 때 눈에 들어온 연인의 데이트 모습. 여자는 남자를 기다렸고, 남자는 스쿠터를 타고 와서는 앙증맞은 빨강 헬멧을 씌워 주고 어둠 속으로 떠나갔다. 짧은 시간이지만 내 눈에 보인 이들의 모습은 사랑스러웠다. 그렇게 하염 없이 그들이 떠나 간 자리를 바라봤다. 왠지 나도 그렇게 그 자리에서 그들과 같이 되고 싶었는지도 모른다. 여행에서 만나는 모든 인연들을 기억하련다. 시간이 지나면서 그 기억들은 희미해져 가지만 그렇다고 아예 지워지는 것은 아니다. 기억하고 싶은 날엔 이렇게 사진을 꺼내 놓고 볼 수 있으니 이 또한 얼마나 감사한 일인지. 오늘은 마카오의 연인들을 기억하는 날이다.

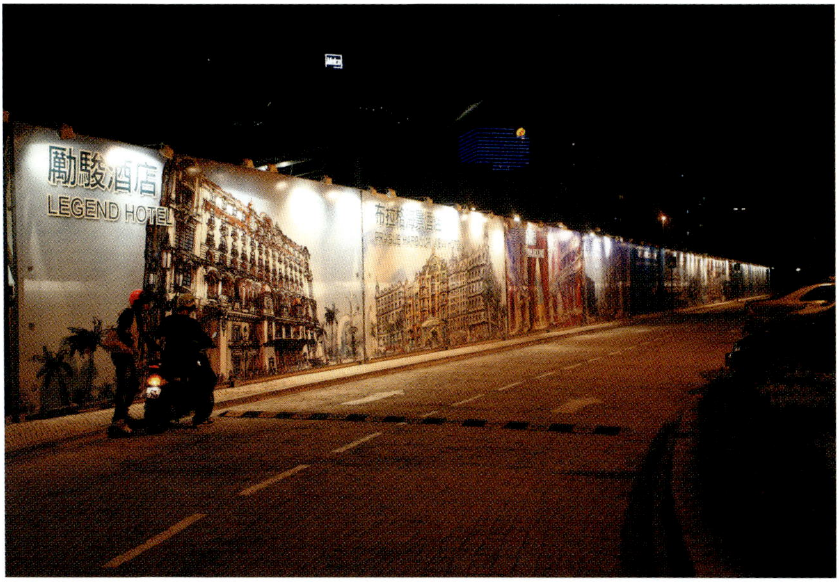
勵駿酒店
LEGEND HOTEL

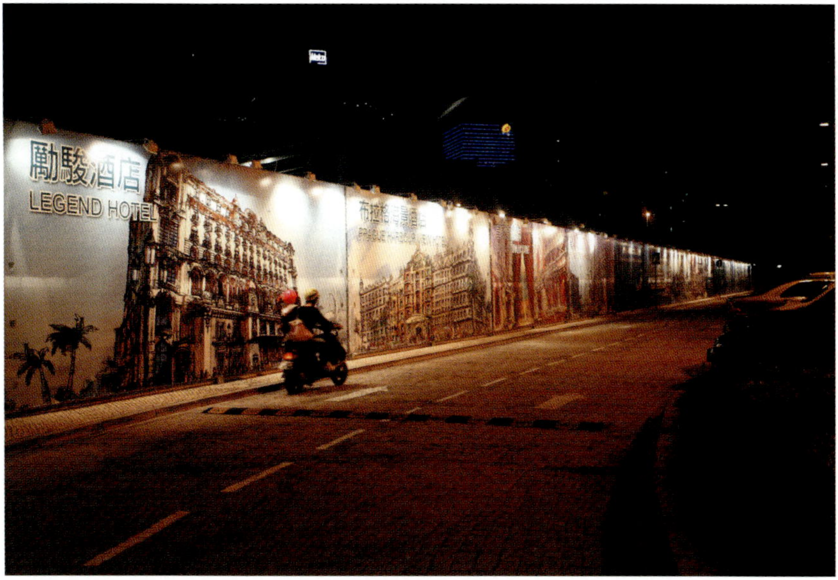
勵駿酒店
LEGEND HOTEL

안개 낀 날

베트남 사파에서 안개는 그야말로 한 치 앞을 분간하기 어려울 정도로 자욱하다.
한낮에 앞이 보이지 않는 답답함을 느껴 본 적이 없는 나로서는 이 상황이
너무나 당황스럽다.
마치 어딘가에 갇혀 있는 듯한 갑갑함이 싫어 무작정 숙소를 나와 거리를 걸었다.
그 많던 여행자와 현지인들 조차 보이지 않고, 거리는 한산하다.
이런 날은 시간이 지독하게도 더디게 지나간다.
그저 눈을 감고 잠을 청해보는 수밖에 ……

외면

내가 외면했던 그 시간이 아프다.
내 것을 덜어 내지 못한 마음의 욕심이 아프다.
그 눈빛을 나는 어찌 외면했는지……
그렇게 오랫동안 애처로운 눈빛을 바라 보았으면서도
다가가지 못한 그날의 나는 비겁했다.
이렇게 오랜 시간이 지나도 마음에 남아 떠나지 않는 그날의 인연.
여유를 찾기 위해 떠난 여행에서 스스로를 가둬 두는 시간이 많았다.
언제쯤 스스로 자유로울 수 있는 그런 여행자가 될 수 있을런지……모르겠다.
오늘 비로소 피사체가 아닌 사람을 찍어야 한다고 다짐해 본다.
마음으로 다가 갈때 사진은 사람과의 여백을 좁혀 주는 역할을 하게 될 것이다.

미련

하루를 정리 하는 늦은 오후 시간.
하염 없이 한 남자가 갠지즈 강을 응시하고 있었다.
나는 그 남자의 모습을 그 남자가 갠지즈 강을 바라보는 만큼 바라봤다.
무슨 생각을 하고 있는걸까?
나는 또 무슨 생각을 하면서 흔들리는 남자의 어깨를 바라본 것일까?
여행을 마치고 돌아와 사진을 보면서 잠시나마 그 시간으로 돌아간다.
그렇게 마음이 흔들리던 그 강가에 나를 두고 왔는지 모른다.
어쩌면 그것은 미련이었을지도 ……

사진이 주는 의미

한 장의 사진이 내가 처한 현실을 잊게 할 때도 있다.

호흡이 곤란할 정도로 마음이 답답할 때

사진은 스스로 위안이 되기도 한다.

새로운 한 주, 다시 한 번 희망을 꿈꾼다.

건포도
가게

인도를 여행하면서 가장 힘들었던 것은 날씨였다. 무더운 날씨에 거리를 걷는 것은 너무 지치고 버거운 일이었다. 시원한 카페 하나 변변히 없는 핑크도시 자이뿌르에서 그 아름다운 바람의 궁전 하와마할을 보고 내려와 거리를 걷다가 목을 축이며 마시던 사탕수수 주스는 내가 인도에서 가장 사랑(?)한 음료였다. 사탕수수를 기계에 넣고 짜면 나오는 천연주스의 달달한 맛은 최고였다.

그리고 거리의 리어커 건포도 행상. 청포도와 붉은 포도를 말려서 만든 건포도는 입이 심심할 때 먹기에는 최고였다. 맛과 저렴한 가격도 그리고 건포도를 파는 두 남자의 넉넉함도 좋았다. 아주 가까이 카메라를 들이대고 찍은 이 사진에서 그 시간의 여행을 추억한다. 나를 온전히 여행으로 집어 넣고 찾아 간 인도에서 내가 기억하는 것은 소소한 일상이다. 여행에서 만난 대부분의 것들은 카메라에 담기지만 내가 만난 일상의 시간은 가슴에 남는다.

그것이 내가 하는 여행의 방식이다.

정말 좋은 친구란

과거의 아픔에 공감해 주기보다

미래의 행복을

축복해 주는 사람이다.

오늘 당신의 황금 미소가

내 남은 여행에 축복이 되기를.

누구도 이별을 연습하지 않는다.

누구나 이별을 겪어야 하는데도 말이다.

이해와 감동

인도를 이해하는 것이 나에겐 너무나 어려운 일이다.
인도를 마음 편하게 다른 사람들에게 소개하는 일도 쉽지 않은 일이다.
아직 나는 인도를 사랑할 자격이 없나 보다.
13년 전에 처음 인도를 여행했고, 1년 전에 다시 인도를 찾았지만
나는 인도를 잘 모른다.
그러나 확실한 것은 그 어느 나라보다 더 많이 이해하려고 노력했고
더 많은 애정을 갖으려 노력했다는 것 만큼은.
마음에 쉽게 와 닿지 않은 나라를 이처럼 오랜 세월 가슴에 담아 둔
나라가 또 있을까?
한 나라를 이해하는 것, 그것은 정말 어려운 일이다.
아직 내가 태어나 살고 있는 내 땅도 다 이해하지 못하는데
겨우 두 번의 방문만으로 그 땅을 어찌 이해한다 할 수 있을 것인가?
나는 그냥 스쳐가는 여행자일 뿐이다.
나는 이곳 사람들의 삶을 가슴으로 이해할 수 없을지 모르지만
다른 사람들은 이 나라에 환호하며 행복을 발견할 수도 있을 것이다.
결국 선택은 본인의 몫이다.
결국 행복은 본인의 마음가짐이다.
그렇게 개인이 느끼는 그 만족감은 떠난 사람들에게 주어지는 선물과도 같다.
그 행복의 시간을 찾아가기 위해 치열하게 노력하는 삶을 나는 존경한다.

다양함

다양함이 셔터를 누르게 했다.
돌아와 그 시간여행을 하면서 한 장의 사진을 들여다본다.
많은 사람들.
한마디의 말도 나눈 적 없지만 이렇게 내 기억 속에 남겨진 사람들.
사람들의 삶 속에서 사진이 생명을 찾는다고 생각한다.
진심으로 다가가면 이들의 삶도 우리와 같다는 것을 알게 되고.
누군가는 먼저 마음의 문을 열어야 한다.
인도를 여행했던 많은 시간 가운데 잠시 멈춰선
이날의 저녁은 나에겐 추억이 되어 멈췄다.

좋은 여행

정말 좋은 여행이란?

많은 것을 보려는 것이 아니고
그들과 같아지려는 마음이다.

조금이나마 그들의 마음에 다가가는 것,
그게 좋은 여행이다.

텔레비전

아직 텔레비전이 흔치 않은 베트남 오지 마을에서 아이들은 함께 모여 텔레비전을 시청한다. 우리 어릴 적에도 텔레비전은 사람들을 불러 모으는 역할을 했다. 그 당시 텔레비전이 있는 집 아이는 얼마나 기세가 당당했던지 재미난 프로그램을 하는 날에는 하루 종일 그 친구 비위를 맞추느라 온 신경을 써야 할 정도였다. 만약 미운털이라도 박히게 되면 그놈은 대문 앞에서 출입을 원천 봉쇄했다. 다른 아이들은 이미 그 당시 한창 유행하던 짱구박사에 푹 빠져 있는데 찍힌 놈은 그 집 대문 앞을 한 발짝도 들여 놓을 수가 없었다. 동네에 한두 집만이 텔레비전이 있던 그 시절 그렇게 부러웠던 흑백 텔레비전.

나는 그 집 아들놈과 친하게 지내기 위해 학교 가는 길에 가방을 대신 들어 주는 수고를 마다하지 않았다. 그래야만 그놈은 나에게 가장 좋은 자리를 약속해 주었으니까. 그렇게 봤던 그 당시의 프로그램들은 짱구박사, 마징가제트, 여로, 그리고 그 당시 선풍적인 인기를 끌었던 프로레슬링 등등이다.

내가 고등학생이 되어서야 집에 흑백텔레비전를 들여 놓을 수 있었는데 얼마나 감격스럽던지. 가구처럼 생긴 미닫이문이 있는 그 텔레비전은 우리집의 보물이었다.

그 지난 시절을 떠올리게 하는 베트남 사파 아이들의 텔레비전 보는 모습은 여행자인 내게 추억을 선물했다.

닮고
싶은
사람들

섹시한 젊은이들의 빛나는 몸매보다 세월이 주는 뱃살과
축 늘어진 엉덩이가 더 닮고 싶다.
처음처럼 지금도 서로를 사랑하는 당신들의 삶이 더해진 몸매이므로.
그렇게 오랫동안 변하지 않고 같은 길을 걷는
당신들의 황혼은 너무나 찬란하다.
그런 사람이 될 수 있기를……
나도 꼭 그런 사랑을 하게 되기를.

무이네에
가 보세요

혹시 베트남에 갈 일이 생긴다면 꼭 한 번 무이네에 가 보세요.
그 이유는 가 본 사람들 만이 알 수 있습니다.
호젓한 어촌마을에 들러 바구니 모양의 귀여운 배도 구경하고,
순박한 주민들과 눈인사도 나누어 보세요.
모래언덕에 가면 개구쟁이 동네 꼬마들이 모래 썰매를 태워 줍니다.
분명 그놈들은 당신에게 바가지 요금을 부를 거예요.
그렇다고 짜증내지 말고 넉넉하게 베풀고 오세요.
그래봐야 우리 돈으로 몇 천 원이니까요.
작은 모래사막은 신비롭고도 고요한 곳이에요.
뜨겁게 달구어진 모래를 맨발로 걷다 보면
발끝에서 머리끝까지 찌릿찌릿한 전율이 퍼져 나가지요.
운이 좋으면 그 아름다운 모래밭을 줄지어 지나는 소떼를 볼 수도 있답니다.
당신의 마음에 감동이 온다면, 그땐 셔터를 누르세요.
내가 아는 베트남의 무이네는 몇 년이 지나도 가슴을 따뜻하게 데워 줄
많은 추억과 이야기를 만날 수 있는 곳입니다.
꼭 한번 가 보세요.

당신이 머물고 싶은 만큼,

그리고 머물 수 있는 만큼.

낯선 도시

오랫동안 가고 싶은 곳이 있었다.

도시의 그림자를 확인하면서 사람이 살아가는 이유들을

확인하고 싶은 곳이 있었다.

난 이곳에서,

사람이 만들어 내는 도시의 향기를 느끼며,

난 이곳에서,

내가 왜 이토록 이 도시를 그리워했는지도 알게 되었다.

건물이 만들어 주는 그림자 아래서 더위에 지친 몸을 쉴 때도

난 이곳에 있음에 얼마나 행복했는지 모른다.

도시는 사람이 만들어 낸 구조물에 불과하지만

그 건물이 주는 감동은 시간이 지나서도 멈추지 않고 지속될 때가 있다.

여러 가지 이유로 다시 이곳을 찾을 수는 없을 것 같다.

그래서 더욱 애틋한 마음이 남는지도 모를 일이다.

인연과 기억

여행은,

사람은,

도시는,

하나의 공통된 공간을 소유한다.

내가 찾은 도시에서 난 사람을 만나고 여행을 즐긴다.

한 번도 마주친 적 없는 사람들과 무언의 대화를 나누며

그들의 행동 하나하나 가슴에 담아 둔다.

그 일상적인 내 생활은 사진이라는 결과로 나타나기도 한다.

내가 좋아하는 것은 쌉쓰름한 가을바람이 부는 계절에

분위기 있는 도시에서 차 한잔 마시는 것이다.

요 며칠 나를 흔드는 바람은 나를 원하는 곳으로 날아가라고 유혹한다.

조만간 소호의 허름한 카페에 앉아

에스프레소를 마시고 있을지 모른다.

조만간……

뉴칼레도니아
바다

하루 종일 비가 내린 어제는 방안에서 한 걸음도 나오기 싫었다. 쓸쓸함이 느껴지는 봄비를 보며 견디기 어려울 만큼 감성적으로 변한 내 자신이 조심스러워서였다. 쓸쓸한 날씨에 반항하는 마음으로 컴퓨터에서 맑은 하늘이 보이는 사진들을 찾기 시작했다. 그러다가 눈에 띄는 사진을 발견했는데 바로 뉴칼레도니아의 바다 사진들이다. 너무나 맑은 하늘과 바다라고는 상상하기 어려울 만큼 아름다운 색깔이 매력적인 곳. 지상낙원이라는 표현이 어울릴 만큼 이곳의 바다와 하늘은 그야말로 환상적이다. 그래서인지 이 사진을 보는 순간 쓸쓸했던 기분이 언제 그랬냐는 듯 밝아졌다.

"한 장의 사진이 이렇게 사람의 마음을 변하게 하는구나." 내 자신도 놀랐다. 사진은 결국 나를 치료하는 역할을 하기도 한다는 사실을 알았다.

바다에 누워

바다에 사는 아이들에게 바다는 거대한 운동장이자 놀이터다.
태어나면서 운명적으로 접하게 되는 바다에서 아이들은 성장한다.
어쩌면 육지보다 더 자연스러운 바다에서의 물놀이는
아이들에겐 특별한 것은 아닐 것이다.
그러나 그 아이들의 본능적인 움직임을 바라보는
여행자의 시선엔 특별함으로 다가온다.
한없이 자유롭고 한없이 평화스러운 오후,
아이들은 바다에서 어머니의 품을 느끼는 듯하다.
해가 넘어가는 뉴칼레도니아의 오후는 여행자에게도
아이들에게도 휴식의 시간이다.
그 휴식을 바라보며 나도 그들과 같은 평화를 얻는다.
아이들을 쫓는 내 시선은 이미 어린시절을 추억하는 가슴으로 일렁인다.
나에게도 저렇게 하늘과 바다와 친구만이 필요한 때가 있었다.
그 시절 친구들은 이제 무거운 삶을 짊어지는 어른이 되었지만
난 아이러니하게도 철없는 삶을 꿈꾼다.
작열하던 햇살이 바다에 잠들어 버리면 뉴칼레도니아는 그제서야 휴식을 갖는다.
낮에 보았던 찬란한 바다가 아닌 주황색의 평화로운 천국의 바다.
나도 아이들처럼 세상을 잊고 바다에 누워
하늘로 물을 던져 떨어지는 물을 마셔 보고 싶다.
바다에 풍덩 빠지고 싶다.

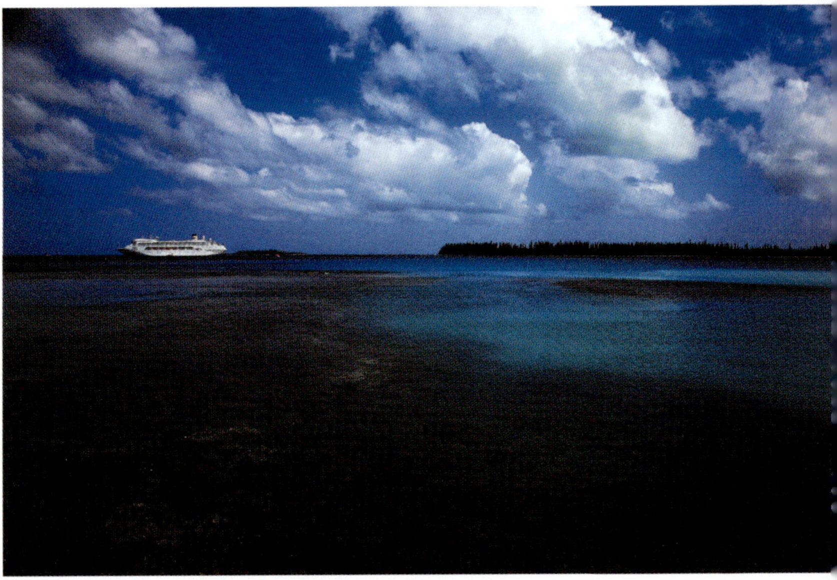

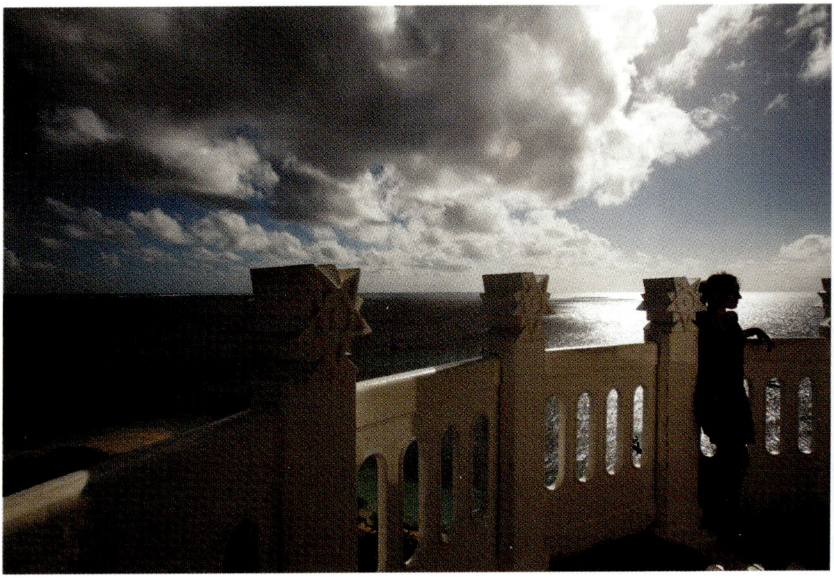

바다는 사랑이다

바다를 품에 안아 본 사람은 안다.
인간이 얼마나 작고 나약한 존재인가를.
바다를 오래 여행해 본 사람은 안다.
인간의 영역이 얼마나 한정적이었는가를.
바다를 사랑하고, 그래서 바다를 그리워하는 사람들은 아름답다.
바다의 향내가 그리워 떠나는 그 귀한 마음에는 바다를 닮은 마음이 있다.
춤추는 바다에게 연주는 필요치 않다.
바다 스스로 연주하고 노래하는 힘이 있기 때문이다.
바다가 연주하는 소리를 귀 기울여 들어 본 적이 있는가?
육지를 향해 소리치는 울림을 들어 본 적이 있는가?
매번 같은 소리의 반복 같지만 그 소리에는 매번 다른 울림이 있다.
우리의 삶도 매번 반복되는 것 같지만 실은 그렇지 않다.
나에게 하소연하는 사람이 있었다.
매번 반복되는 일상이 지겹다고……
아무리 오래 살아도 매번 반복되는 삶이란 존재할 수가 없다.
그 단순한 삶 속에서도 분명 다른 일상들이 잘게 쪼개진다.
그 잘게 쪼개지는 일상은 어제와 다른 무언가를 준다.
그것을 발견하는 것이 세상을 살아가는 이유가 된다.
오늘 나에게 다가온 사람들.
그들에게 나는 얼마나 따뜻한 미소를 건네었는가?
그 미소가 누군가를 행복하게 할 수도 있다는 사실.

힘들 땐 어떻게 하세요?

가끔 질문을 받는다. "견디기 힘든 일이 생기면 어떻게 하세요?"
시간이 지나면서 그런 상황을 이겨내는 방법도 바뀌나 보다.
예전에는 혼자 노래방에 가서 신나게 노래를 했고.
그 이후에는 차를 몰고 양수리까지 무작정 달렸다.
그리고 흐르는 강물에 눈물을 실었다.
아무리 많은 눈물을 흘린들 강물에 희석되는 내 눈물은 흔적도 없어지니까.
아무에게도 내 눈물을 보이고 싶지 않았다. 사람들은 누구나 연약한 존재다.
내 연약한 모습을 감추고 싶었던 그때 나는 희망의 끈을 놓지 않았다.
요즘에는 "가장 힘든 때 어떻게 이겨내세요?"라는 질문에
"지난 사진들을 정리해요"라고 답한다.
내가 촬영한 그 수많은 사진들엔 추억이 있고 아픔이 있고 감동이 있다.
말할 수 없을 만큼 많은 사연들이 있는 사진들을 보며
지난 과거를 추억하다 보면 다시 힘을 얻게 된다.
사진가에게 사진 만큼 위로를 줄 수 있는 것이 또 있을까?
사진가에게 사진 만큼 아픔을 줄 수 있는 것이 또 있을까?
사진가에게 사진은 전부이기에 그 모든 것들을 감당해야 한다.
오늘 나는 한 장의 사진을 골랐다. 지금 내 마음이 편해지기 위해서.
내 사진이 나에게 위로를 주는 그런 사진을 선택했다.
얼마 전 촬영한 보석처럼 빛나는 뉴칼레도니아 아이들이다.
그 빛나는 미소가 너무나 사랑스럽고 부럽다.
오늘은 아이들의 모습에 나를 숨기고 싶다.
그렇게 모두에게 위로가 되는 사진이기를 바란다.

아무리 외롭고 힘들어도

당신이 가장 외롭다고 말하지 않기를……

갈대와
노을

해남에서의 가창오리 군무 촬영에 실패한 후 다시 찾은 해남 성문 방조제로 겨울 철새 가창오리 촬영 출사. 이번 겨울이 가기 전에 꼭 한 번 촬영하고 싶었는데 이번에도 결국 가창오리는 못 찍고 지난 번과 같이 쇠기러기만 만나야 했다. 그놈의 가창오리가 나만 미워하는 건지, 아니면 더 많은 노력을 원하는 건지 …… 들판을 이리저리 돌아다니다가 겨우 쇠기러기만 몇 컷 담고, 물가에서 가창오리가 날아 오르기를 간절히 기다렸지만 어디에도 가창오리가 날아 오르는 것을 보지 못했다. 결국 가창오리는 포기한 채 갈대 밭에 앉아서 지는 노을을 바라보며 갈대를 담기 시작했다. 오늘 따라 노랗게 물들어 가는 하늘 사이로 보이는 갈대가 참 아름답게 느껴졌다.

노랗게 변한 둥근 해는 산 허리에 걸쳐 넘어가는 것을 망설이는 듯 아쉬운 작별인사를 한다. 바닥에 누워 갈대를 본 것은 처음이다. 결국 난 가창오리를 만나지는 못했지만 덕분에 그동안 보지 못한 저녁 노을과 노랗게 물들어 가는 하늘을 배경 삼은 갈대를 보았다. 갈대는 바람에 흔들렸지만 나는 그 순간 마음이 평온해졌다. 누가 그랬던가. 흔들리는 것은 갈대가 아니고 마음이라고.

그러나 나는 그 흔들리는 갈대를 보며 마음이 진정되는 것을 느꼈다. 이번 출사도 결국 원하는 것을 얻지 못했지만 또다른 소중한 것을 얻은 여행이었다.

당신이 머물고 싶은 만큼,

그리고 머물 수 있는 만큼만 그렇게 사랑할 수 있기를……

그 선택에 후회 같은 것은 집어치우기를.

그 선택이 설령 아픔을 준다 해도 후회하지 않기를.

그래야 그 사랑이 진심으로 남는 것이니까.

스스로도 납득하기 어려운 결정일지라도 견디기를.

그래야 진심인 것을.

꽃은 떨어져도 꽃이라는 사실.

작은 동백꽃이 땅에 떨어져서 나를 위로하려 한다.

떨어져도 붉은 꽃으로 내 허리를 굽히게 한 그 열정을 사랑한다.

선택

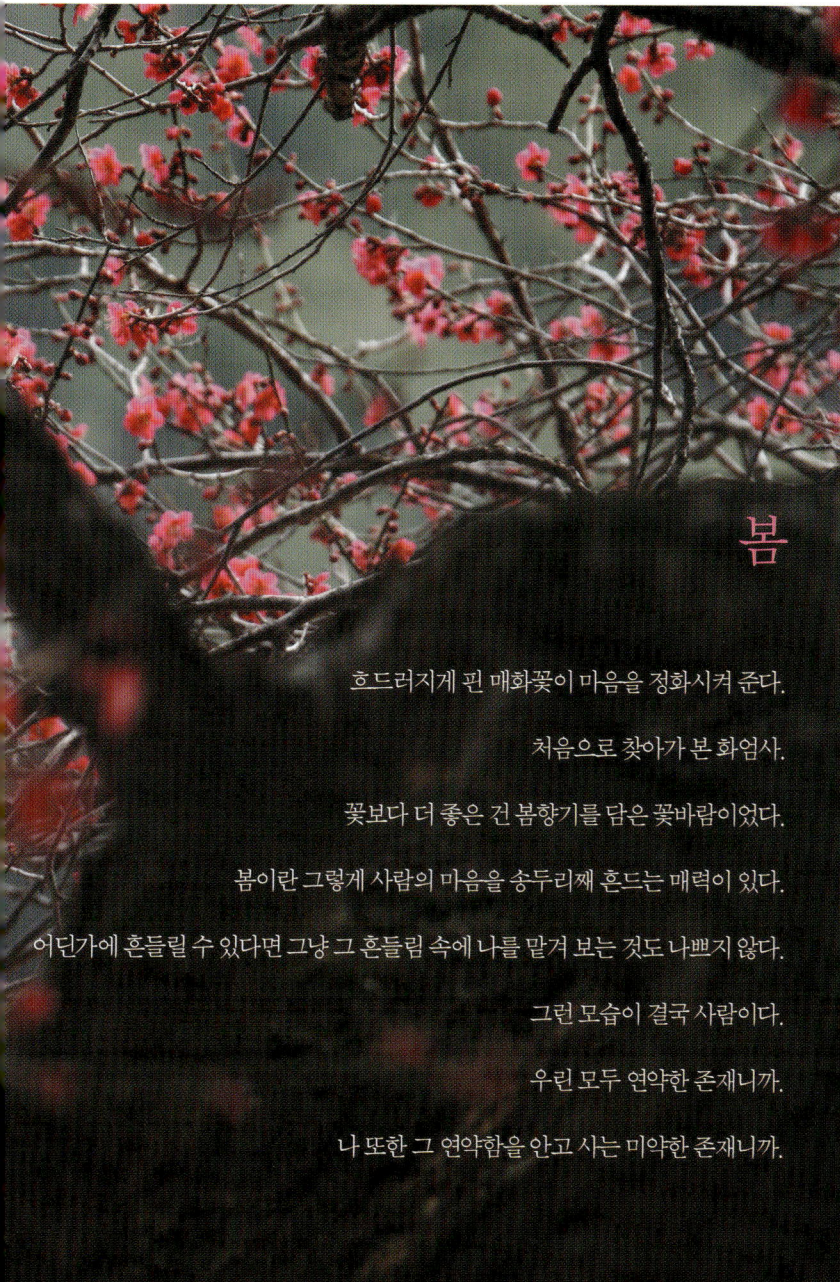

봄

흐드러지게 핀 매화꽃이 마음을 정화시켜 준다.

처음으로 찾아가 본 화엄사.

꽃보다 더 좋은 건 봄향기를 담은 꽃바람이었다.

봄이란 그렇게 사람의 마음을 송두리째 흔드는 매력이 있다.

어딘가에 흔들릴 수 있다면 그냥 그 흔들림 속에 나를 맡겨 보는 것도 나쁘지 않다.

그런 모습이 결국 사람이다.

우린 모두 연약한 존재니까.

나 또한 그 연약함을 안고 사는 미약한 존재니까.

천국의
시간

아이에게 엄마는, 엄마에게 아이는,
서로에게 천국이 된다. 이들을 훔쳐보는 나에게도 잠시 천국이 스쳐 지나간다.
엄마의 볼을 잡고 연신 뽀뽀를 해대던 개구쟁이 아이는
이내 엄마의 품에서 잠들어 버렸다. 세상에서 가장 편안한 모습으로.
징그러울 만큼 많은 나이를 먹었지만,
나도 여전히 엄마의 품이 그립다.

힘찬 날갯짓

눈이 시릴 정도로 파란 바다 위를 활공하는 갈매기의 모습이 참 당당하다.
갈매기가 날아가는 방향을 향해 내 시선도 따라가 본다.
그 길의 끝은 어디일까?
그 날갯짓의 끝은 어디일까?
그리고 한 가지 중요한 것을 깨닫는다.
힘차게 날갯짓을 해서 속도를 낸 뒤에는 당당하게 날개깃을 펴고만
있어도 가고자 하는 목적지를 향할 수 있다는 사실.
하지만 지금 나는 힘차게 날갯짓을 할 때이다.
아직도 나의 꿈을 찾아 간절하게,
그러나 담대하게 날갯짓을 하는 중이다.
목표와 방향이 정해진 채 관성에 따라 날개를 펴고만 있어도
목적지에 도달하는 삶은 나와 어울리지 않는다.
펄떡이는 심장을 갖고 있는 한 영원히 그렇게 갈 것이다.

꽃은
유혹이다

봄은 꽃의 계절이다.
꽃은 계절을 틈타 사람의 감정을 유혹한다.
자세히 꽃을 들여다보면서 참 아름답다는 생각을 해본다.
이렇게 꽃을 깊이 관찰해 본적이 언제였는지……
이 봄, 유혹들이 온천지에 넘쳐난다.
꽃에게 마음을 빼앗긴 것을 아는지 카메라 렌즈는 자꾸만 꽃 속으로 들어가려 한다.
수줍은 듯, 그렇게 마음을 열고 나를 반기는 꽃잎의 색이 참 유혹적이다.
그 유혹에 마음을 맡긴 오늘 또 다른 계절을 만나게 된 날이다.

해남에서
나를
만나다

해남에서의 오후는 아련한 추억을 떠올리게 했다.
몇 마리의 새가 쓸쓸히 하늘을 날아서였을까?
아니면 눈부시게 붉은 노을이 눈으로 들어와서일까?
사진을 찍기 위한 여행이었지만 나는 내 지난 시간들을 추억했다.
그 시간은 매우 쓸쓸했지만 돌아오는 시간은 그렇게 쓸쓸하지 않았다.
마음을 살찌우게 한 이번 여행은 다음 여행을 불러오는 듯 하다.
주로 해외로 촬영을 떠나는 나에게 조국의 산하는 그 자체로 고향이다.
그 고향은 어딜가나 나를 반기고, 나는 그 고향에서 안식을 얻는다.
이곳에서는 외로워하지 않아도 된다.
이곳에서는 두려워하지 않아도 된다.
나는 내가 미치도록 사랑하는 하늘 아래 있으므로.
나를 품어 주는 땅과 하늘 아래서 난 그렇게 행복할 것이다.

홀씨

어느 꽃잎의 홀씨인지는 모른다.
다만 나무에 걸려 갈길을 가지 못하는 그 가녀린 모습이 안쓰럽다.
바람이 불어왔지만 홀씨는 가지에 걸려 날아가지 못한 채
파르르 몸을 떨 뿐이었다.
우리의 인생도 이런 것은 아닐런지 생각해 본다.
목표는 정해졌지만 그 목표를 향해 가면서 만나는 난관들.
그 걸림돌을 하나하나 헤쳐나가면서 성장해 가는 것.
중간에 포기하거나 계속해서 길을 가거나 결국 선택은 본인의 몫이다.
쉽게 길을 가고 싶은 마음은 누구에게나 있다.
그러나 어려운 삶을 헤쳐 온 사람에겐 그만의 향기가 있다.
그 향기는 사람들에게 희망을 안겨 주는 자양분이 된다.
나에게 이 작은 홀씨는 가야 할 길을 알려주었다.
지금은 마른 가지에 걸려 길을 잠시 멈추었지만 다른 방향으로
불어오는 바람을 기다리며 땅위에 떨어질 날을 기다릴 것이다.
그리고 찬란한 봄이 오면 아름다운 초록잎과 꽃을 세상에 틔울 것이다.
오늘은 이 작은 홀씨 하나가 내 삶의 방향을 알려주는 날이다.

생선구이

부산에 내려가면서 마음 속으로 벼르고 있던 것이 바로 제대로 된 생선구이 한번 먹어 보자는 거였다. 부산 하면 항구도시라서 생선이 흔하고 그 중에서도 고갈비가 유명하다는 소릴 오래전부터 들었다. 생선요리 중에서도 특히 구이를 좋아하는 나로서는 이번 기회에 맘껏 먹어 볼 요량이었다. 지금은 흔히 볼 수 없는 까만 연탄에 석쇠를 올려놓고 굽는 방식의 석쇠구이. 생각만으로도 군침이 돌았다.

도착한 첫날 저녁부터 생선구이를 찾아다녔지만 생선구이집을 찾는 것이 여간 어려운 것이 아니었다. 할 수 없이 첫날은 그냥 대충 식사를 마무리 짓고 내일을 기약했다. 그런데 정작 다음날이 되어서는 촬영스케줄이 너무 빠듯해 따로 시간을 내어 식당을 찾아다닐 엄두가 나지 않았다. 그날 저녁 또한 낮에 힘든 스케줄에 지쳐 식당을 찾아다닌다는 생각을 하는 것조차 힘들 정도여서 결국 첫날과 마찬가지로 숙소 앞 해장국집에서 그야말로 대충 때웠다.

이제 마지막날이다. 마음은 이미 생선구이는 포기하고 그저 촬영이나 잘됐으면 하는 바람으로 영도다리로 갔다. 다리 위에서 촬영을 하고 오래된 점집 촬영을 하기 위해 이동하는데 어디선가 생선굽는 냄새가 진동을 했다. 냄새나는 곳을 향해 걸어가 보니 바로 건물 하나 사이를 두고 생선구이 집이 두 군데나 있다. 그것도 연탄에 석쇠를 놓고 굽는 내가 찾던 그 모습이었다. 너무 반가운 마음에 전어와 꽁치를 주문했다. 하얀 연기가 모락모락 피어오르면서 생선이 구워지는데 얼마나 행복하던지…… 이 집은 식당이라기보다는 노점에서 생선구이를 안주 삼아 술을 파는 곳이었다. 비록 밥을 먹지는 못했지만 전어와 꽁치를 안주삼아 콜라를 들이켰다. 마음을 비운 후에 나타난 생선구이. 다시 부산에 갈 일이 있으면 꼭 다시 찾아가리라.

아프다

아프다.
내가 누리고 있는 사치스러움이.
아프다.
내가 불평했던 지난 시간들이.
아프다.
내가 바라보지 못한 주변의 부족함들이.
부끄럽다.
카메라를 들고 있는 손과 시선이.
나는……나는……아직 감사와 겸손을 더 익히며 살아야 한다.
그래야 사람이다.

빛이 들어오는 문 가까이에서 식사를 하시는 이유는 전기를 아끼기 위함이다.

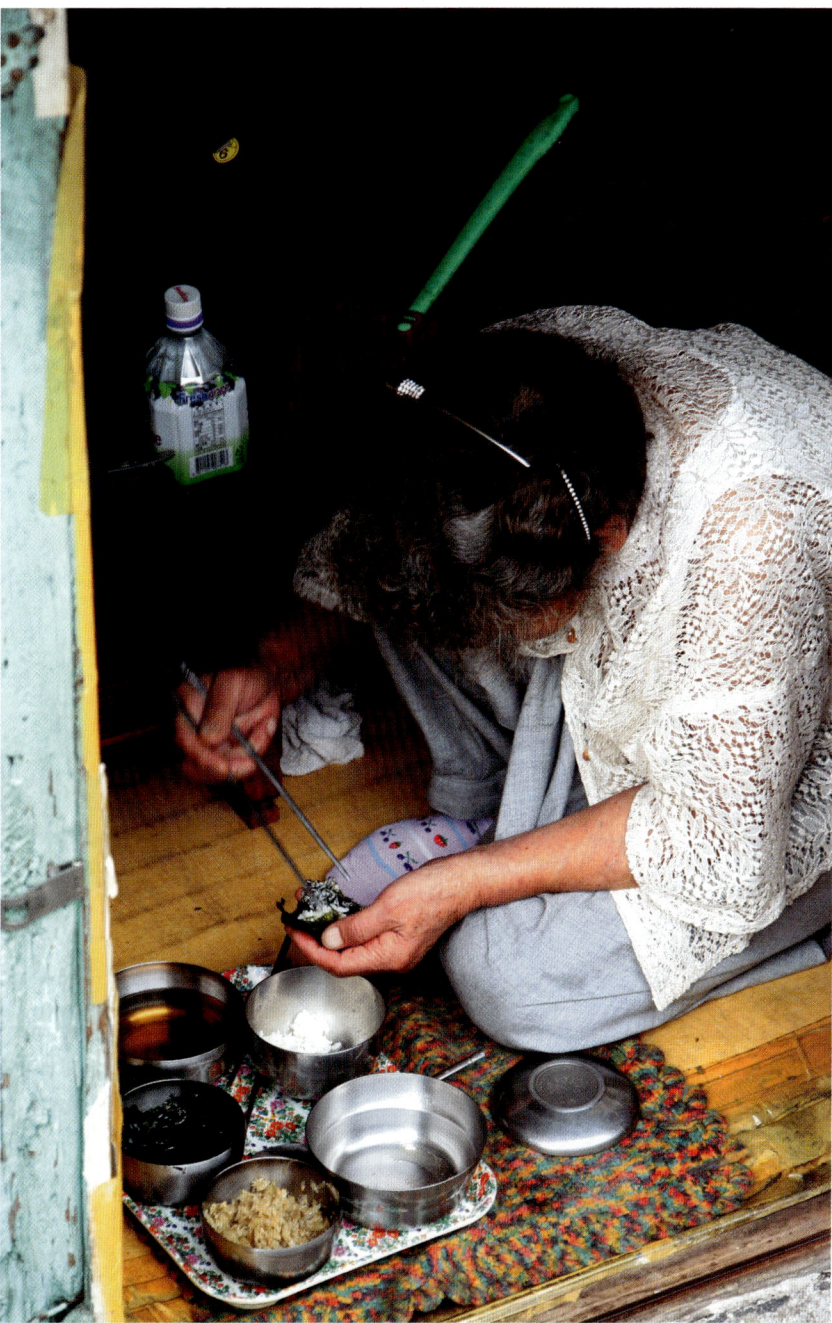

마음으로부터
오는 울림

아름답다, 아름답다…….
자꾸만 말하다 보면 세상이 진짜 아름답게 보인다.
예쁘다. 예쁘다…….
자꾸만 말하다 보면 사물이 진짜 예쁘게 보인다.
결국 모든 것은 우리 마음에서부터 오는 울림이다.
삶에서 아름다움을 느끼고 싶다면 아름다움을 찬양해야 한다.
가장 예쁜 꽃을 바라보면서도 그 내면을 바라보지 않으면
꽃이 왜 아름다운지 이유를 모른다.
한참 동안 바라 본 꽃에서 삶의 아름다움을 발견하고 싶은 날이다.

커피 만드는 사람

한 잔의 커피를 만드는 모습이 이토록 정성스러울 수 있다는 사실에 숙연해진다. 한 잔의 커피에서 뿜어나오는 하얀 연기의 커피향은 내 마음마저 녹여 버릴 듯 신선하다. 한 잔의 커피를 만들기 위해 수고한 보이지 않는 정성이 느껴진다. 자기만의 독특한 커피세계를 갖고 살아가는 사람. 자기만의 커피를 만들며 그 세계를 전하는 사람. 자기만의 커피를 마시러 오는 사람들에게 멋진 정성을 선물하는 사람. 3년 전에 알게 된 강원도 바닷가의 작은 카페. 그토록 가고 싶었던 그곳에서 처음 만난 인연이었지만 많은 이야기를 나눴다. 마치 오래 전부터 알고 지낸 것 같은 귀한 사람. 한 잔의 커피에 담긴 그의 철학이 너무나 아름다워 보였다. 어딘가 모르게 외로움도 묻어났다. 어딘가 모르게 쓸쓸함도 묻어났다. 그래서 더욱 좋았다. 외로워 할 줄 알아야 사람이니까. 그래서 더욱 정이갔다. 그냥 좋은 것들만 생각하고 좋은 이야기들만 나눈 이 날의 대화는 너무나 유익했다. 그렇게 마음 열고 찾아갈 곳이 있다는 그 자체만으로 행복한 세상 아닌가? 복잡한 머리를 털어내려 떠난 강원도의 바다여행에서 진한 사람의 향기를 맡고 돌아나오는 길, 바람은 세차게 온몸을 휘감아 돌고 제자리로 떠나갔다. 마치 내 안의 무거운 마음의 짐을 다 빼내어 간듯하다.

집으로 돌아온 나에게 그 날의 커피향은 잊을 수 없는 중독이다. 가까이 하기엔 멀리 있는 곳이지만 그래도 마음 한켠에 언제든 달려가고픈 그리운 곳하나 생겨서 얼마나 든든한지 모른다. 사진으로나마 전해져 오는 커피향을 통해 감사를 전한다. 내 탁한 마음속에서 오래도록 지워지지 않을 진한 커피향을 알게 하신 그 정성에 감사를 드린다.

Travel
여행 이야기

뉴욕

노르웨이

캐나다

에티오피아

세상의 중심 뉴욕

New York

뉴욕의 JFK공항에 도착했다. 공항에서 시내로 들어가는 노란색 택시 안에서 상념에 잠겨본다. 미국이라는 나라, 그 중에서도 뉴욕이라는 도시는 도시라는 이름만으로는 부족한 하나의 새로운 문화 아이콘이기도 하다. 세상의 어느 도시가 뉴욕처럼 많은 것들을 소유하고 있을까? 인종의 전시장이라고 불릴 정도로 이 도시는 다민족 다인종의 세계적인 도시다. 19세기 전반에는 영국이나 중부유럽, 북부유럽의 게르만계, 후반에는 이탈리아 등 남부유럽계와 동부유럽의 슬라브계가 이민의 주류를 이루었고, 1855년부터 1890년까지의 급증기에는 700만의 이민자가 뉴욕에 상륙했다. 1980년대의 뉴욕시 인구 구성은 대략 백인 60%, 흑인 25%, 아시아계 3%, 인디언 0.2%, 기타 11%이고, 이 중에서 백인으로 분류된 유대인이 17%, 백인이나 흑인으로 분류된 푸에르토리코인 등 에스파냐계가 20%를 차지하고 있다.

이렇듯 다양한 인종들이 섞인 덕분에 이곳은 다양한 문화가 자연스럽게 스며들게 된 것 같다. 숙소에 짐을 풀자마자 가장 먼저 찾아간 곳은 센트럴파크였다. 대다수의 여행자들이 뉴욕에서 가장 먼저 찾는 곳이 타임스퀘어라면 나에겐 이상하리만치 센트럴파크가 머릿속에 각인되어 있다.

브루클린 브리지(브루클린과 맨해튼을 연결하는 3개의 다리 중에서 가장 오래된 다리이며 뉴욕을 배경으로 하는 영화에서는 빠지지 않고 등장하는 낭만적인 장소다)는 철제 케이블과 고딕양식의 아치스타일로 유명하다. 오후가 되면 운동을 하러 나오는 사람들부터 데이트를 하러 온 커플들까지 많은 사람들이 다리 위를 가득 메우기 시작한다. 서울의 한강 다리들이 자동차의 통행만을 위한 것이라면 브루클린 브리지는 뉴요커들에게 일상의 공간인 셈이다. 묵고 있던 숙소는 브루클린 지역이어서 시간이 날 때마다 이 다리를 건너 숙소로 돌아가곤 했다. 다리 위에서 바라보는 맨해튼과 허드슨강의 야경이 너무나 멋져서 한참 동안 넋을 잃기도 하면서 오랜 시간 다리 위를 서성거렸다. 브루클린 브리지가 주는 묘한 감성적인 느낌들이 싫지 않았다. 사실 도시의 다리를 걸으면서 낭만적이라고 느껴 본 적은 그렇게 많지 않았던 것 같다. 한 달 동안 뉴욕에 머물면서 난 거의 매일 이곳에서 하루의 일상을 정리하곤 했으니까……. 언제일지 모르지만 다시 뉴욕을 여행하게 된다면 나는 가장 먼저 이곳에 올라 해지는 오후를 보내고 싶다. 내가 걸었던 그 시간들 속으로 되돌아가서 그 당시를 추억하고 싶다.

미국이라는 나라는 참 묘한 느낌이 든다. 한 번도 와보지 않은 곳인데도 영화와 다른 미디어를 통해 너무 많이 접해서인지 전혀 낯설지가 않다. 뉴욕이라는 도시는 사람들에게 왠지 모를 환상을 심어 주는 도시라는 생각이 든다. 마치 파리의 프랑스가 사람들의 로망인 것처럼 뉴욕 또한 뉴요커라는 명칭에서 보듯이 사람들에게 동경의 대상이 되는 곳이다. 모든 문화가 시작되는 곳, 뉴욕이라는 도시에 첫 발을 디디면서 가장 인상적인 것은 현대와 과거가 적절히 잘 융화되고 있다는 것이다.

쇼핑의 거리로 많이 알려져 있는 소호(Soho). 명품 숍을 비롯해 여러 브랜드의 상점들이 즐비하게 들어서 있다. 지금은 사치와 소비의 대명사가 되었지만 원래 소호는 예술가들의 거리였다고 한다. 싼 집세와 작업하기 좋은 로프트(천장이 높고 창문이 큰 형태의 건물)가 있어 예술가들이 모여들었던 곳. 소호의 건물들은 한때 모두 철거될 예정이었지만 반대 집회로 인해 철회되었기 때문에 그 독특한 건물들을 지금도 볼 수 있다. 소호에서의 즐거움은 비단 쇼핑만이 아니다. 아직 남아 있는 작은 갤러리들과 자신의 작품을 팔기 위해 직접 거리로 나온 예술가들을 만날 수 있다는 것 또한 즐거움!
Soho는 South of Houston을 줄인 말이다. 예전에는 가난한 예술가들이 많이 몰려살던 곳이기도 하다. 지금은 워낙 맨해튼의 땅 값이 폭등해서 그런 인식은 없어지고 오히려 가장 고급스럽고 운치 있는 동네로 변해 버렸다. 결국 가난한 예술가들은 소호를 떠나게 되었다.

소호를 떠난 예술가들은 노호(NOHO ; North of Houston)와 알파벳시티로 옮기게 되었다. 예술과 돈은 참 어울리지 않는다고 생각한다. 그러나 요즘엔

돈이 안 되는 작품은 오히려 예술 취급을 받지 못하는 시대가 되었다. 과거 유명한 예술가들 중 당대에 높은 평가를 받은이가 많지 않았다. 그들이 세상을 떠나고 나서야 후손에게 인정 받는 경우가 허다했다. 그런데 지금의 예술가들은 어떤가? 순수는 집어치우고 가장 화려하게 자신을 포장하고 가장 고급스런 갤러리에서 전시를 해야만 인정받는다고 생각하며 살고 있지 않나 하는 의구심이 들 때가 많다. 진정한 예술가는 아이러니하게도 역사적으로 보더라도 절대 부유함 속에서 탄생되지 않는다. 당장은 인정받는다 하더라도 그 생명력은 오래가지 못하게 되어 있다.

소호를 걸으면서 그리고 소호의 건물들에서 느껴지는 기운을 느끼면서 오래전 이곳에서 땀과 열정을 쏟아 부었을 예술가들의 체취를 조금이나마 느끼고 싶었다. 이제는 거의 카페나 술집으로 변해가는 안타까운 실정이지만 말이다.

센트럴파크 하면 가장 먼저 생각나는 것은 사이먼 앤 가펑클의 공연이다. 1981년 센트럴파크에서 가진 재결합 공연은 약 50여만 명의 팬들이 모여들어 성황리에 열렸으며, 이때의 실황은 라이브앨범 [Concert In Central Park](1982)로 발매되어 히트하기도 했다. 워낙 좋아하던 뮤지션들이라 여러 번 비디오로 공연실황을 봤는데 그날 모인 관객들의 엄청난 인파가 눈을 휘둥그레지게 했다. 그리고 간간이 보이는 공원의 드넓은 모습들은 그야말로 환상적이었다. 언제 기회가 된다면 나도 저 공원의 잔디밭에서 하늘을 보고 누워 봐야지 하는 막연한 생각을 하게 됐다.

결국 나는 뉴욕에 오자마자 가장 먼저 이곳을 찾았다. 그리곤 공원 안에 들어가 벌러덩 하늘을 향해 몸을 뉘였다. '아, 여기가 뉴욕이구나, 여기가 그렇게

오고 싶던 센트럴파크구나.' 머리속을 스쳐가는 상념들. 그것은 행복감이었다. 작은 꿈을 이룬 데서 오는 행복감이었다.

여행이란 특별한 것을 필요로 하는 것은 아니라고 생각한다. 여행이란 평소에 자기가 하고 싶었던 것을 해 보는 것이다. 이를테면 베트남에 가서 원조 쌀국수를 먹고 싶은 소망이 있다면 그곳에서 쌀국수를 먹어 보는 것. 그것이 여행이 주는 최고의 진정한 의미가 아닐까 생각한다. 여행은 대단한 것들을 필요로 하지 않는다. 대단한 건물, 대단히 유명한 박물관을 보는 것도 중요하지만 평소 하고 싶은 것을 체험해 보는 것, 그것이 진정한 여행이다. 평범한 사람들의 평범한 삶 속으로 들어가는 그 시간이야말로 여행이 주는 쫀득한 즐거움일 것이다.

공원에 누워 있으니 산책 나온 사람들이 많다. 특히 애완견을 데리고 나와 산책하는 사람들이 눈에 많이 띄었는데 한 마리가 아니라 대여섯 마리를 동시에 산책시키는 사람들이 많았다. 신기하게도 여러 마리의 애완견들이 같이 다니는데도 줄이 전혀 엉키지 않고 질서정연하게 걷는다. 아무래도 잘 훈련되어서인가 보다. 공원에서 이들의 살아가는 일상을 보는 것도 여행의 즐거움이다. 이 번화한 도시 공간에 이토록 커다란 공원을 갖고 있다는 사실이 왜 이렇게 부러운 걸까?

몇 시간을 그렇게 공원에 누워 낮잠을 자고 일어나니 하늘이 어둑해진다. 어둑해지는 뉴욕의 도심은 또 다른 하루를 마무리하며 나에게도 휴식을 권하는 듯하다.

1904년 뉴욕타임스가 브로드웨이 42번가에 사무실 빌딩을 건설하기 시작하면서 뉴욕 최고의 번화가 타임스퀘어(Times Square)를 탄생시켰다. 타임스퀘어는 7th.와 브로드웨이 42nd St.가 맞닿은 삼각지대를 포함한다. 엄청난 전광판과 광고들이 하나의 관광상품이 된다는 것이 신기하다. 이곳에 가면 가장 먼저 하고 싶었던 것은 뮤지컬을 보는 것. <라이온킹>을 뮤지컬의 본고장에서 본다는 설렘. 비록 대사를 다 알아듣지는 못하더라도 그냥 이곳에서 원조 뮤지컬을 보고 싶은 그 열망이 결국 나를 <라이언킹>속으로 끌어 들인다.

수 많은 영화와 드라마, 광고에 나오는 타임스퀘어. 세계경제를 움직이는 상징이라는 이유 하나 만으로도 뉴욕을 찾는 여행자들은 이곳에서 뉴욕을 호흡하고 뉴욕을 느낀다.

한마디로 단정하기 어려운 뉴욕이 주는 매력은 여행을 마치고 집으로 돌아온 지금도 정의를 내리기 어렵다. 알 수 없는 진한 그리움만이 나에게 다시 그곳을 가라고 떠미는 듯하다. 그 전에 느끼지 못한 새로운 뉴욕을 느껴보라고 말이다.

10년 전 뉴욕의 거리를 걸었던 시간을 생각해 본다.

꽤 오랜 시간이 지났지만 여전히 뉴욕은 설레는 도시로 기억된다.

센트럴파크에 누워 하염없이 하늘을 봤던 그 여유로움이 그립다.

여행을 마치고 돌아오면 쉽게 잊혀지는 곳이 있고

오히려 더 깊은 그리움을 남기는 곳이 있다.

나에게 뉴욕은 이러한 그리움을 주는 곳이다.

다시 가고 싶은 곳.

처음과는 달리 조금 더 여유롭게 소호거리를 만끽하고 싶다.

피요르드

노르웨이어로 '내륙으로 깊이 들어간 만'이란 뜻으로,
빙하로 인해 침식이 되어 만들어진 U자 또는 V자 형태의 계곡에
바닷물이 유입되어 형성된 하구.

노르웨이의
숲이 부르는
바람소리

노르웨이로 가는 비행기 안에서 북유럽에 대한 정보가 들어 있는 책을 펼쳤다. 너무나 아름다운 풍광이 눈을 의심하게 한다. 한 번도 가보지 않은 북유럽에 대한 막연한 동경은 이제 설렘으로 바뀌어갔다. 핀란드 헬싱키를 거쳐 도착한 오슬로 공항 내부는 목재로 마감되어 자연 친화적인 느낌이 강하다. 규모가 그렇게 크지는 않지만 그동안 보았던 다른 공항들과는 너무나 다른 느낌이다. 마치 카페에 들어와 있는 것처럼 포근한 느낌이 든다. 노르웨이의 컬러인 빨간색과 목재가 어우러진 공항의 느낌은 위압감이 아닌 인간적인 느낌을 주는 곳이었다. "역시 디자인이 발달한 나라답게 뭔가 달라도 다르다."라는 생각이 들었다.

공항을 빠져나오니 밖에는 비가 내리고 있었다. 5월의 날씨임에도 쌀쌀한 기운이 돈다. 첫날은 공항 근처의 호텔에서 묵고 다음날 바로 시내의 호텔로 이동했다. 바로 앞에 오페라하우스가 보이는 아름다운 호텔이다. 체크인을 하고 바로 시내 관광을 나갔다. 가장 먼저 비켈란 조각공원으로 향했다.

구스타브 비켈란(Vigelend Adolf Gustav 1869~1946)이 40여 년간 땀과 심혈을 기울여 만든 200여점의 화강암 작품과 수많은 청동 작품들로 조성되어 있는 곳이다. 그 중 최고의 걸작품은 모노리스(Monolith). 모노리스란 원래 '하나의 돌(통돌)'이라는 뜻인데, 17m의 화강암에 121명의 남녀가 뒤엉킨 채 조각되어 있는 작품이다. 인간의 무한한 욕망과 투쟁, 희망과 슬픔을 농축시켜 인생에서 낙오되지 않고 안간힘을 다하여 정상을 차지하려는 원초적인 감정 상태를 역동적으로 표현한 작품이라고 해석하기도 한다. 작고 수직으로 서 있는 사람으로부터 아래쪽으로 내려오며 몸집이 커지고 수평을 이루는 자세를 통해 갓난아이로부터 죽음에 이르는 노인을 표현한 것이라고도 해석하기도 한다. 해석이야 어떻든 한 사람의 작품으로 공원을 조성할 정도로 많은 작품을 남긴 위대한 조각가의 쉼 없는 작품에 대한 열정이 고개를 저절로 숙이게 한다.

하늘에는 계속해서 빗줄기가 오락가락하고 있다. 첫날의 여행이 자칫하면 비로 망칠 것 같은 두려움이 몰려온다. 조각공원을 나와 찾아간 곳은 바이킹 박물관이다. 아무래도 노르웨이하면 바이킹을 빼놓을 수 없다는 생각에 찾아간 바이킹 박물관 (Vikingshipshuset)에는 피오르드에서 발견된 3척의 바이킹배를 전시하고 있다. 3척 중 보존 상태가 으뜸이고 크기도 가장 큰 오세베르크(Oseberg)호는 지금까지도 아름답고 유연한 곡선을 자랑한다. 건조 시기는 9세기 초반이며 35명이 노를 저으며 항해 했다고 한다. 그 우아한 모습에 어울리게 당시 이 근방을 지배하던 왕이 서거한 후, 왕의 관으로 사용되어 배의 임무를 마쳤는데, 1904년 발굴될 당시 수많은 부장품이 함께 발견되어 화제가 되었다. 이 외에 전형적인 바이킹배 모습을 간직하고 있는 고크스타드(Gokstad)호와 원거리 항해 때문에 밑바닥을 제외하고 모두 부식되어 버린 투네(Tune)호도 볼 만하다. 또한 바이킹 시대의 가구, 생활도구, 무덤 등도 전시되어 있어 당시의 삶을 짐작하게 한다. 박물관 밖에서는 바이킹 체험 행사가 열리고 있다. 그래서인지 개구쟁이 꼬마들이 그 옛날 바이킹을 흉내 내며 놀기에 여념이 없다. 만화나 영화에서만 보아왔던 바이킹의 실제 모습들을 보고 나오니 나도 모르게 팔에 힘이 들어간다. 마치 그들과 함께 바다를 누비려는 듯.

오슬로 시내는 한적하다. 공휴일이라서인지 거리엔 사람들이 거의 보이지 않는다. 만약 오늘이 공휴일이 아니라면 활기찬 오슬로의 거리를 볼 수 있었을 텐데 하는 아쉬움이 든다. 시내에서 가장 인상 깊은 것은 전차였다. 유럽의 여러 나라에서 가끔 볼 수 있었지만 이곳에서 보는 전차는 그 분위기가 지극히 이국적이다. 도심을 가로지르는 전차는 여행자에게 향수를 불러일으킨다.

오슬로는 해안에 위치한 도시답게 어디서나 바다에 쉽게 접근할 수 있다. 해안가에는 고풍스런 요트들이 정박해 있고 그 주변으로는 고급 레스토랑이 즐비하게 펼쳐져 있다. 당연히 해물로 만든 요리들이 많아 미식가들의 발걸음을 붙들고 있다. 한 가지 아쉬운 점이 있다면 북유럽 중에서도 물가가 비싸기로 소문난 나라이다 보니 음식 가격이 만만치 않다는 것이다. 바다를 바라보며 한가하게 오후를 즐기는 시간은 아마도 여행자가 느끼는 최고의 호사일 것이다. 백야 현상으로 인해 밤 10시가 넘어도 어둠이 내려오지 않는 곳, 그래서인지 숙소로 돌아가는 시간이 아쉽게만 느껴진다. 낮에 시내에서 보았던 전차를 타고 노르웨이 사람들과 같은 마음으로 하루를 마무리한다.

이른 아침에 뮈르달 가는 기차를 타기 위해 중앙역으로 갔다. 근교에서 오슬로로 출근하는 사람들을 기차들이 쉴 틈 없이 실어 나른다. 어딜 가나 사람 사는 모습은 같은가 보다. 이처럼 부유한 나라에서도 저렇게 총총걸음으로 바쁘게

일터로 향하는 사람들의 모습을 볼 수 있으니.

드디어 기차는 뮈르달을 향해 출발한다. 시간이 얼마 지나지 않았는데도 창밖 풍경이 변해간다. 더 높은 곳으로 오르는 탓인지 산과 들에는 하얀 눈이 보이기 시작한다. 얼마 지나지 않아 풍광은 한 겨울로 들어온 듯 하얗게 세상을 바꿔 놓았다. 역시 북유럽의 날씨답다는 생각이 들었다. 3시간 정도 걸려 뮈르달 역에 도착했다. 그리고 노르웨이 사람들에게서 느껴지는 여유로움. 눈부시도록 빛나는 자연과 그 자연 속에 동화되어 살아가는 사람들에게서 느껴지는 여유로움. 난 그저 이들의 생활을 잠시 보고 돌아올 이방인이지만 풍광은 잊혀지지 않고 오래도록 남을 것 같다. 노르웨이에 가기 전부터 마음에 뒀던 뮈르달 기차역 아래의 작은 마을은 5월의 봄 날씨에도 아직 눈을 벗겨 내지 못했다.

산 위를 그림처럼 덮은 그 하얀 눈이 어쩌면 이곳을 더 운치 있게 해주고 있다는 생각이 든다. 그렇게 아름답다는 뮈르달에서 플롬행 기차는 노르웨이의 아름다운 풍광을 보여 줄 것이다. 그리고 처음으로 만나는 피요르드는 또 어떤 감동을 안겨 줄 것인지 사뭇 궁금하다. 마음으로 즐거운 상상을 할 즈음 녹색 기차가 플랫폼 안으로 들어오고 있다. 세계에서 가장 아름다운 기차여행이라 불리는 플롬 레일웨이를 탔다. 산등성이를 따라 산을 넘어가는 산악열차. 풍광이 바뀔 때마다 좌우로 몰려가는 사람들의 모습이 마치 유치원생들의 나들이처럼 귀엽게 보인다. 기차는 관광객들이 충분히 경치를 즐길 수 있을만큼 느릿한 속도로 간다. 그렇게 풍광에 취해 플롬에 도착했다. 이제 본격적인 피요르드의 여정이 시작되는 것이다. 플롬의 기차역에 도착한 많은 관광객이 플롬에서 구드반겐까지의 페리투어를 위해 기다리고 있다.

드디어 노르웨이에서도 가장 아름답다는 송네피요르드의 여정이 시작되는 것이다. 유람선이 출발하자마자 기다렸다는 듯이 갈매기들이 쫓아온다. 이곳 갈매기도 강화도의 갈매기처럼 관광객들이 던져주는 먹이에 익숙한 듯 결사적으로 배를 쫓아온다. 협곡을 따라 형성된 작은 마을들이 그림처럼 눈앞에 펼쳐진다. 그 사이로 거대한 계곡과 절벽들이 쉴새없이 새로운 지형을 만들고 있다. 마치 호수처럼 잔잔하지만 분명 바닷물이다. 그렇게 많은 사람들이 보고 싶어 하는 피요르드를 보면서 "나는 참 행복한 사람이구나"를 마음속으로 되뇌었다. 아름다운 풍광 앞에 사람은 결국 겸손해진다더니 지금의 내가 그렇다. 같은 유람선을 탄 모든 사람들의 표정에서 한없는 여유로움이 느껴지는 것은 아마도 자연이 주는 선물일 것이다.

그렇게 아름다운 풍광에 취해 도착한 구두방겐 선착장에서 버스로 갈아 타고 보스에 도착했다. 보스는 각종 레포츠 등이 잘 발달된 곳이기도 하지만 수질이 좋아 보스의 물은 전 세계에 비싼 값으로 수출되고 있다고 한다. 시내 중심에

있는 아름다운 호수 위의 산은 아직 눈이 녹아내리지 않았다. 마음이 여유로워질 정도로 평온한 호수와 반영으로 비춰지는 풍광은 마치 사진엽서를 보는 듯 아름답다. 보스를 방문하는 사람들의 목적이 주로 베르겐으로 가는 기차를 타기 위한 것이지만 만약 시간적인 여유가 있다면 하루 정도는 더 머물면서 휴식을 취하면 좋을 것 같다.

보스에서 기차를 타고 도착한 사람들은 다시 유람선을 타고 하게순을 찾아간다. 사실 하게순에 대한 정보는 많지 않았지만 항구에 들어서면서부터 난 너무나 아름다운 이곳에 단번에 마음을 빼앗겼다. 마치 동화의 나라를 방문한 것처럼 아기자기하고 깔끔한 집들은 사람이 살 것 같지 않다고 느낄 정도였다. 이렇게 아름다운 도시가 존재한다는 것 자체가 그저 신기 할 따름이다. 어느 곳이나 카메라를 들이대면 바로 엽서가 되어 나올 것 같은 도시다. 노르웨이의 모든 도시가 다 아름답지만 하게순이 갖는 아름다움은 독특하다. 어촌마을이지만 마치 유람선을 정박해 놓은 것처럼 깔끔하고 세련된 마을은 그 자체로 환상적이다.

마지막으로 찾아간 도시 스타방게르 또한 노르웨이의 전형적인 해안 마을이다. 이곳에서 배를 타고 마지막으로 찾아간 피요르드는 아쉽게도 비가 내려 많은 것을 보지는 못했다. 맑은 날 이곳을 찾았다면 더 없이 멋진 피요르드를 볼

수 있었을 텐데 하는 아쉬움을 남긴 채 돌아와야 했다.

비틀즈의 노래 제목이 아니더라도, 무라카미 하루키의 책 제목을 굳이 떠올리지 않더라도 노르웨이는 온통 숲의 천국이었다. 혈관처럼 촘촘히 노르웨이를 이어 주는 피요르드의 강인한 생명력은 노르웨이를 지켜 주는 원동력이다. 도심에 지친 현대인들에게 노르웨이의 자연은 그 어떤 것보다 깊은 치유의 힘을 느끼게 한다. 그래서 사람들은 한 번도 와 본 적 없는 깊고 깊은 노르웨이의 숲을 그리워하고 있는지도 모른다.

Bergen

내가 사랑한 도시 베르겐(Bergen)

송내 파요르드를 여행하는 동안 여러 도시를 지났다. 수만 년의 세월이 깎아 만든 절경에 취한 나날들, 그 위대한 자연의 협주곡 앞에 다소곳한 아름다움을 간직한 도시 베르겐에 반했다.

노르웨이 제 2의 도시인 베르겐은 클래식의 선구자인 E.H.그리그의 생가가 있는 곳이다. 오슬로 서쪽 492km, 대서양 연안의 작은 만(灣) 깊숙한 곳에 있는 항만도시로 노르웨이에서 가장 중요한 어항이기도 하다. 고위도에 위치하나 멕시코 만류(灣流)의 영향으로 기후가 따뜻하고, 연강수량은 2,000mm에 이른다. 1070년 오라프왕(王)에 의하여 창건되었으며, 1350년 한자동맹(同盟)에 가맹한 이래 200년 이상 모든 무역을 지배하여 오늘의 무역항의 기반을 구축하였다. 조선·섬유·식품 등의 공업이 발달했으며 종합대학도 있어 서해안의 교육·문화의 중심지를 이룬다.

노르웨이에서 가장 아름답다는 베르겐. 새로운 도시를 여행하는 것은 즐거운 일이다. 그런데 그것보다 더 즐거운 것은 그동안 알지 못했던 매력을 찾아내는

것인지도 모른다. 기차역을 나와 번화가로 들어섰다. 도시에 들어서면 가장 먼저 노르웨이의 대표적인 극작가 홀버그의 동상이 여행자를 반긴다. 나는 순간 내 눈을 의심했다. 마치 동화의 나라에 온 듯 도시는 그야말로 아기자기한 아름다움 그 자체였다. 항구에 정박한 배들도 그렇고, 항구를 둘러싼 형형색색의 건축물들도 여행자의 눈을 현혹시킨다. 세상에 이렇게 아름다운 도시가 존재한다는 사실이 믿어지지가 않는다. 아니 그보다 노르웨이 사람들의 도시를 가꾸고 사랑하는 마음이 느껴져 질투가 났다. 어느 건물하나 소홀하거나 대충 지어진 것이 없다. 모든 건축물들은 베르겐의 도시에 맞게 잘 짜여진 영화세트장 같다는 느낌이다. 이런 곳에서 살 수 있다면…… 속으로 작은 바람을 가져본다. 주택가를 걸으며 부러운 마음에 남의 집 담장을 기웃거려 보기도 한다. 북유럽의 도시는 왠지 차가울 것 같은 느낌이었는데 이 도시는 내 예상을 완전히 뒤바꿔 놓았다. 이곳에 사는 사람들이 너무나 부러웠다. 몇 달만이라도 이 도시에 살 수 있게 된다면 없는 감성까지도 튀어나올 것처럼 도시는 너무나 아름답고 매혹적이다. 쉴 새 없이 카메라 셔터를 눌렀다. 그러면서도 눈을 의심해 파인더 밖을 자주 봐야 했다.

많은 나라들을 여행했고 많은 아름다운 곳을 보며 살아 왔지만 이곳은 특별한 아름다움이 있는 곳이다. 사람들의 표정 또한 너무나 여유로와서 여행자들은 이곳에서 편한 마음의 휴식을 취할 수 있을 것 같다. 베르겐의 중세 유적지 브리겐의 도심 속으로 들어가면서 느껴졌던 세월의 흔적 앞에 스스로 고개를 숙여야 했다. 오랜 시간 고유한 전통을 지키며 살아가는 이들의 정신이 건물 사이 사이에서 빛으로 나와 내게 들어왔다. 사람을 사랑하는 것보다 도시를 사랑하는 것이 이렇게 가슴 설렐 수 있다는 사실이 신기했다. 마치 오래도록 그리워했던 연인을 만난 것처럼 나는 이곳에서 진한 애정을 느꼈다. 떠나기 싫었다. 오래도록 머물러 보고 싶었다. 미치도록 도시를 호흡하고 들이마시고 싶었다. 이토록 낯선 도시가 40대 후반을 살아가는 나에게 쿵쾅거리며 설레는 가슴을 선물할 것이라고는 생각지 못했다. 나는 북유럽의 피요르드를 보러왔는데 그곳을 가기 전에 이미 이곳에 마음을 빼앗겼다. 그러한 감정은 행복이었다.

항구도시 베르겐은 마치 오랜 친구를 만난 듯 설렘과 친근함을 동시에 선물해 줬다. 베르겐의 야경은 화려한 인공미는 없지만 노르웨이 사람들처럼 차분하고 사랑스럽다. 밤 10시가 넘었지만 백야 현상으로 인해 아직도 거리는 어둠을 받아들이지 않고 있다. 베르겐에 있는 중세 도시 유적 브리겐은 노르웨이어로 '항구'를 의미하는데, 이곳은 1979년 세계문화유산으로 지정됐다. 오랜 세월을 견디어 낸 목조 건물들의 숨소리가 들리는 듯 너무나 사랑스럽게 다가왔다. 베르겐이 사랑을 받는 이유 중에 브리겐은 그 중심에 서 있는 것 같다. 사랑하는 친구와 함께 차 한잔 나누는 여유를 누려 보고 싶은 곳이었다.

밤이 깊어 지면서 도시는 새로운 모습으로 바뀌어 간다. 사람들이 떠나고 건물들은 조명으로 옷을 갈아 입는다. 아직 사랑을 끝내지 못한 연인들이 바다를 산책하고, 나는 그 바다를 향해 서 있는 빨간 공중전화 부스에서 누군가에게 전화를 걸어야 할 것 같은 충동을 느낀다. 여행 중에 만나는 모든 전화 부스는 나에겐 아련한 존재다.

노르웨이를 여행하면서 느끼는 것 중 하나는 동상이 참 많다는 것이다. 맥주잔을 들고 있는 여인의 동상과 아름다운 건축물이 조화롭다. 브리겐의 오래된 목조 건물 앞에서 독서로 망중한을 즐기는 여행자들, 나 또한 그들과 같은 여행자라는 사실이 마냥 즐겁다. 한참을 야경 촬영에 빠져 있다가 정신을 차리고 보니 허기와 함께 추위가 몰려왔다. 그래서 찾아간 곳이 맥도날드였다. 새벽 4시까지 영업을 한다고 한다. 그동안 보아왔던 맥도날드의 실내 인테리어와는 다른 느낌이다. 야경 촬영을 마치고 나니 시간이 12시가 넘어서고 있었다. 아쉽지만 숙소로 돌아가야 할 시간이다. 버스정류장에서 숙소로 돌아가기 위해 막차를 기다렸다. 이곳 사람들과는 다른 설렘으로 노란 버스에 오르며 베르겐의 마침표를 찍는 아쉬운 순간이었다.

그리고 늦게 찾아온 도시에게 미안하다고 말하고 싶었다. 미처 알지 못한 내 무지가 참으로 미안했다. 노르웨이에서 만난 이 도시는 내 삶을 풍요롭게 해줬다. 기대했던 것보다 엄청나게 많은 것을 알게 해준 이 도시가 사랑스럽다. 여행을 마치고 돌아온 나에게 그리움을 선물한 몇 안 되는 도시이다. 다시 찾아갈 날들을 꿈꾼다. 집에 온지 겨우 며칠 만에…….
여행하면서 한 번도 촬영하지 않던 야경 촬영을 하는 나를 보며 스스로 놀랐다. 내 사진 중에 외국에서 촬영한 첫 번째 야경 사진이다. 그만큼 특별했던 도시 베르겐. 마치 건물들이 여행자에게 안부를 전하며 포즈를 취하는 듯싶었다. 버스를 타고 늦은 시간 집으로 돌아가는 그곳 사람들이 그렇게 부러울 수가 없었다.

벽화 마을
슈메이너스

사람들은 오래 전부터 본능적으로 그림을 그려 왔고, 그 오래된 그림은 후손들이 역사를 공부하고 이해하는 데 좋은 자료가 되어 왔다. 우리가 흔히 아는 벽화들은 오랜 시간이 지나 색 바랜 느낌으로 기나긴 세월의 역사를 알게 하고 있으며, 우리는 그런 벽화를 보며 오래전 조상들의 생활상을 엿보게 된다. 조상들은 그림을 통해 생활상을 남겨 주었고, 그 역사를 공부하는 것은 후손들의 몫이다.

벽화 하면 우선 오래된 과거의 역사를 떠올리게 되지만 캐나다의 나나이모 던컨의 슈메이너스 벽화 마을은 인위적으로 관광객을 유치하기 위해 만들어진 작고 아담한 도시다.
던컨은 코위찬(원주민 마을)지역으로 밴쿠버 섬에 있는 빅토리아와 나나이모 사이에 위치해 있는 작은 도시다.
나나이모는 밴쿠버 섬의 중간쯤 북위 49도 조금 위에 위치한 마을이다. 번지

점프, 게 잡이, 굴 따기 등등 다양한 액티비티(activity)와 삼림욕장, 재미난 재래시장 등 많은 볼거리를 제공하는 지역이다. 그리고 밴쿠버 섬 중앙 삼림에서 벌목한 침엽수를 해수에 절이고 목재를 배송하는 관문이기도 해서 나나이모를 지나치다 보면 그윽한 소나무 향기를 맡을 수 있는 더할 나위 없이 좋은 드라이브 코스로 정평이 나있다. 벽화 마을이 있는 던컨은 나나이모에서 버스로는 30분, 기차로 25분 정도 걸린다.

던컨은 전에는 제재소로 생활을 하던 마을이었는데, 점차 제재소가 폐쇄되면서 활기를 잃고 사람들의 왕래가 적어지고 고립되는 도시로 변했다. 그러자 더 이상 이 지역을 방치할 수 없다고 판단하여 1982년 전주민이 일치단결해 도시 재건에 나섰다고 한다.

"The Little Town That Did"라는 슬로건을 내걸고 주정부의 원조와 동네 유지들의 노력으로 벽화에 의한 도시 이미지 살리기에 성공했다. 벽화를 위해 거리도 정비하고 도시의 이미지에 맞는 상점과 관광객들을 위한 편의시설 등을 만들었는데, 그 중에 가장 중요시 여긴 사업이 온 도시를 벽화로 채우는 것이었다고 한다. 사실 변변한 공장도 없고 관광객도 많지 않았던 이 마을 사람들에게 이런 노력은 매우 중요한 것이었다. 그 결과 요즘은 나나이모를 방문하는 관광객들에게 한번은 꼭 거쳐 가야 할 정도로 유명한 마을이 된 것이다.

벽화를 감상하기 편하도록 길가에는 노란 발자국 표시가 있다. 그 표시된 발자국을 따라가다 보면 순서대로 벽화를 감상할 수 있다. 발자국이 멈추면 벽화가 없다는 이야기니 돌아서도 좋을 듯. 벽화는 오스트리아 탐험가의 모습부터 마을의 역사에 대한 소소한 얘기들을 다루었다. 이 지역이 과거 인디언의 땅이라는 것을 알 수 있는 그림들도 많이 있다. 결국 그림은 말없이 역사를 나타내 주는 가장 중요한 수단이라는 것을 이곳에서 다시 한 번 느낄 수 있었다. 그림의 내용을 보며 오래 전 이곳의 주인이었던 원주민들의 전통 생활 양식을 구경할 수도 있고, 스스로 그 그림 속으로 들어가 보는 느낌을 맛 볼 수 있어 캐나다의 색다른 매력을 발견할 수 있다.

워낙 작은 도시이기 때문에 볼거리는 토템폴 뿐이라고 생각할 수 있지만 자세히 이 도시를 구경해 본다면 작고 아기자기한 상점을 만나는 매력에 빠질 수

있는 곳이기도 하다. 각자의 개성을 살린 상점들과 관광객을 유혹하기에 충분한 소품점들이 즐비하다. 마치 영화속 한장면에 들어 온듯한 착각에 빠져들 정도로 매력 있는 상가들을 구경하다가 운이 좋으면 나이 지긋한 거리의 악사들이 펼치는 은은한 음악에 빠져 들어갈 수도 있다. 그리고 이곳에서 가장 맛있고 독특하다는 아이스크림을 먹으며 휴식을 취할 수도 있다.

이곳은 분명 벽화의 도시다. 그래서인지 벽화 밑을 걸어가는 사람들의 모습이 그림 속의 사람인지 아니면 실제로 걸어가는 사람인지 혼란스럽기도 하다. 그리고 그 그림 앞에서 멋진 포즈로 사진을 찍는 즐거움을 느껴 보면 더욱 행복한 여행이 될 것 같은 생각이 든다. 지금의 던컨은 분명 이곳 사람들의 노력이 만들어 낸 창작품이다. 도시 구석구석에 스며든 정성스런 손길들은 이 도시를 사랑하는, 좀 더 나은 삶을 영위하고자 하는 마을 사람들의 노력에서 나온 것이다. 무에서 유를 창조하려는 그들의 정신을 보는 것 같아 한편으로는 존경스럽다.

벽화 마을을 걷는데 어디선가 구슬픈 노랫소리가 들려 가봤더니 소나무 숲 속에 작은 야외 공연장이 있다. 그곳에서 한 남자가 노래를 부르고 있는데 인디언이었다. 인디언의 아픈 역사를 알고 있었기 때문일까? 노래하는 목소리와 세상을 향한 그의 눈빛이 너무 슬퍼 보였다. 인디언의 전통 노래가 아닌 팝송을 부르는 그의 목소리가 왜 그토록 내 마음을 흔들리게 했는지 모른다. 차라리 인디언의 전통 노래를 불렀다면 덜 아팠을지도 모르겠다.

혼신을 다하는 그의 몸짓과 정성이, 그리고 이유를 알 수 없는 슬픔이 나를 그 자리에서 움직이지 못하게 했다. 유독 아픈 목소리로 내뱉는 그의 목소리가 마음을 흔들었다. 그렇게 1시간이 다 되도록 그의 노래와 그의 표정에 빠져 그곳을 나오지 못했다. 결국 난 그의 음악 시디를 구입했다. 〈태오만시니〉라는 그의 이름이 적힌 시디를 가방에 챙겨 넣고서야 마음의 부담이 덜해졌다. 여행에서 돌아와 집에서 가끔 그의 노래를 듣지만 사실 그때의 감흥과는 다른 느낌이 들 때가 많은데 그의 표정을 볼 수 없어서인지도 모를 일이다. 아직도 인디언의 삶이 곳곳에 배어 있는 벽화 마을에서 인디언의 목소리를 들으며 이들의 역사를 되새겨 본 시간들은 잊혀지지 않는 추억으로 남아 있다.

이곳을 나오면서 나는 '여행을 하는 목적은 어디에 있을까?' 를 생각해 봤다. 단순히 벽화 마을이라는 이름에 이끌려 이곳을 찾았고, 그것을 보았는데 돌아나오는 그곳에서 난 더 많은 것들을 가슴에 담아 올 수 있었다. 이곳을 근거지로 살아가던 인디언의 아픔을 조금이나마 느꼈고 무에서 유를 창조하려는 던컨 사람들의 노력을 볼 수 있었다. 주어진 것과 만들어 가는 것의 차이는 무척 크다. 없다고 좌절하지 않고 그 부족한 상황에서 만들어 가려는 정신, 그것이 우리의 삶을 윤택하게 해줄 수 있다는 것을 말이다. 여행은 그런 것이다. 내가 알고 있는 것만을 깨닫게 해주는 것이 아닌 그 이상의 것들을 알게 해주는 것, 그것이 여행이 갖고 있는 힘이다.

Ethiopia

아프리카의 재 발견, 뜨거운 땅, 다나킬

에티오피아로 가면서 이 나라에 대한 이미지들을 떠올렸다. 가장 먼저 생각나는 것은 TV로 보아온, 연예인들의 아프리카 어린이들을 위한 후원 활동과 커피의 원산지라는 것 정도였다. 한 나라를 생각할 때 그 나라의 단면만을 보는 것이 얼마나 위험한 것인지 나는 이번 여행을 통해서 알게 됐다.

기아, 내전, 가뭄, 뼈만 앙상한 아이들과 문명도 문화도 없고 헐벗은 원시 종족들의 척박한 땅으로 기억되는 에티오피아. 하지만 에티오피아는 모로코, 튀니지와 함께 아프리카 대륙에서 가장 많은 자연문화유산을 가진 나라일 뿐만 아니라 솔로몬 왕 시대부터 시작되는 3천여 년의 긴 역사를 가진 초기 기독교 왕국이었으며, 고유 언어와 문자를 가진 독립국가다. 한반도의 다섯 배에 달하는

에티오피아는 동서남북으로 전혀 다른 독특한 자연환경을 갖은 아름다운 나라다. 그동안 편견으로 미처 보지 못했던 에티오피아의 찬란한 고유의 문명과 경이로운 자연, 그 안에서 살아가는 순박한 사람들…… 에티오피아로의 여행은 편견으로 보지 못했던 아프리카의 또 다른 모습을 재발견할 수 있는 멋진 기회였다.

이번 여행에서 가장 기억에 남는 지역을 꼽으라면 주저 없이 다나킬을 꼽을 정도로 다나킬은 기억에 오래도록 남는 땅이다. 왕성한 화산활동 때문에 지구상에서 가장 뜨거운 땅으로 알려진 땅, 다나킬. 이곳은 먼 옛날 바다였는데 지금은 바닷물이 모두 증발해 1,200㎢에 달하는 땅엔 소금만 남았다. 그리고 그 양은 132만 톤이 넘는 것으로 추정되고 있다. 평균 해면보다 116m나 낮은 이 땅엔 연일 50도를 오르내리는 열기로 가득 차 있지만 드넓은 소금 사막과 소금 호수, 그 사이로 뿜어져 나오는 간헐천, 가지각색의 유황 호수, 유황과 소금으로 만들어진 기묘한 유황 소금 기둥 등 지구상 어디에서도 보기 힘든 독특한 자연 환경이 그대로 보존되어 있는 곳이다. 오랜 세월 죽음의 땅으로 알려졌던 이곳을 찾았던 이들은 거칠고 용맹스럽기로 소문난 아파르 족뿐이다. 그들은 오래 전부터 이곳의 소금을 세상에 내다팔며 살아왔고, 지금도 그렇게 살아가고 있다. 소금 캐러반과 함께 독특한 아름다움으로 빛나는 지구상에서 가장 뜨거운 땅, 다나킬.

다나킬로 가기 위해서는 에티오피아의 소금 교역 중심지인 메켈레에서 출발

해야 한다. 오래 전부터 전국의 소금 상인들이 몰려들었다는 이곳은 다나킬 저지대로 가는 소금 캐러반의 출발지이자 종착역이기도 하다. 그곳에서 먹을 음식을 사면서도 나는 속으로 이런 생각을 했다. '다나킬이 아무리 더워봤자 그래도 사람이 사는 곳인데 얼마나 덥겠어?' 그러나 메켈레를 출발한지 2시간 정도가 지나면서 나의 그런 생각이 얼마나 교만한 것이었는지 알게 됐는데, 그것은 차를 타고 이동하는 내내 바뀌는 창밖 풍경 때문이었다. 메켈레를 출발할 때는 푸르던 산과 들판이 시간이 지나면서 점점 황폐한 땅으로 변하기 시작했다. 죽음의 계곡이라고 불리는 다나킬의 지형은 그야말로 척박함이었다. 풀 한 포기 자랄 수 없는 땅. 이 척박한 땅에서 사람이 산다는 것 자체가 신기할 뿐이었다.

3시간 만에 도착한 다나킬로 가는 중간 거점도시 베라힐레에서 비포장도로를 달려온 사람과 차는 잠시 휴식을 취했다. 그리고 이곳부터 무장 경찰과 현지 가이드가 함께 동행을 해야 하기 때문에 이곳을 거치지 않으면 다나킬로 갈 수 없는 것이다. 보기에도 날카로운 무장 경찰과 어려보이는 현지 가이드를 대동하고 아살레 호수의 인근 마을인 '아메드 엘라'에 도착한 시간이 오후 5시였다. 메켈레에서 오전 8시에 출발했으니 꼬박 9시간이 걸린 셈이다.

첫날은 이곳에서 하룻밤을 보낸 후 다음날 아침 출발해야 했다. 그것도 이른 아침에 출발해야 하는데, 그 이유는 낮에는 더워서 여행이 불가능하기 때문이었다. 잠자리라고 특별히 정해진 곳 없이 돗자리 한 장이 전부일 정도로 상황

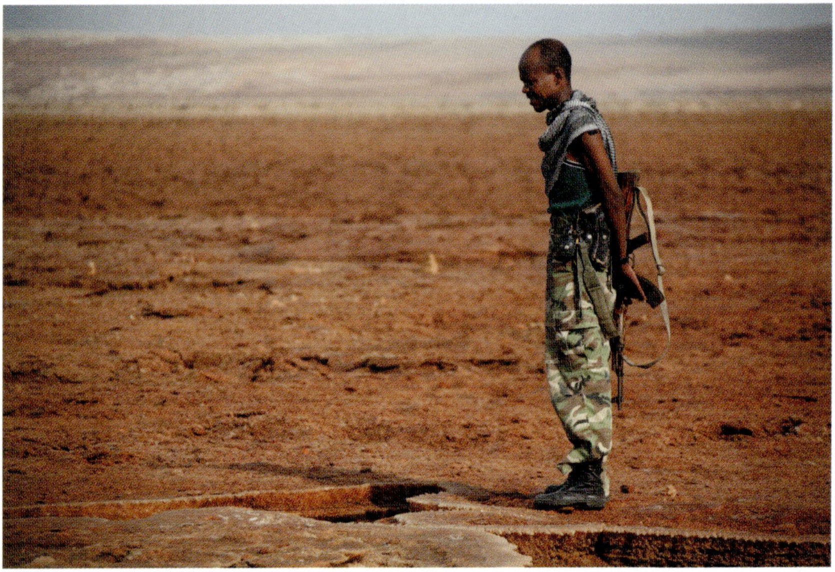

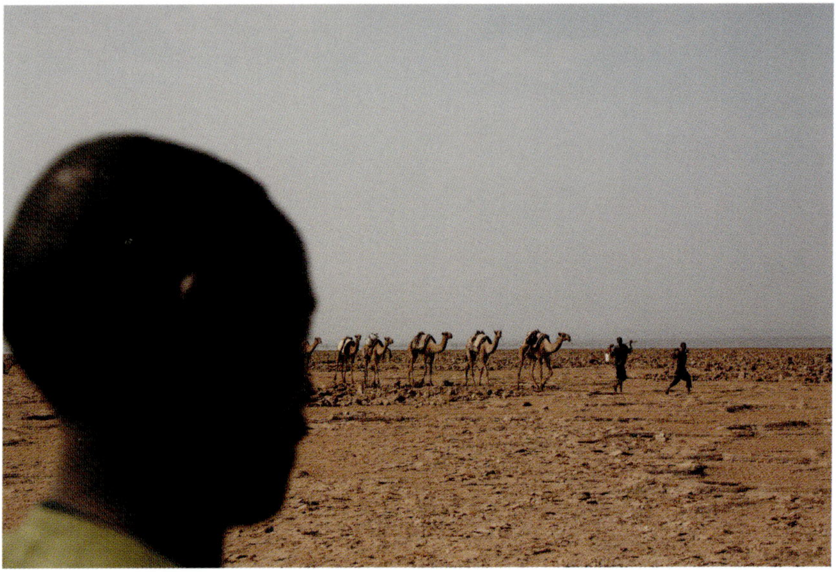

은 말이 아니었다. 더위 덕분에 한숨도 제대로 자지 못한 채 아침을 맞고, 목적지인 달로를 향해 출발했다. 끝이 보이지 않는 지평선. 바다보다 무려 120m나 더 낮은 곳. 이른 아침인데도 뜨거운 바람이 창문을 통해 들어온다. 내가 이곳에 오면서 가장 보고 싶었던 것은 세상에서 가장 낮은 분화구였다. 입구에서부터 유황 냄새가 진동을 했다. 1926년에 있었던 화산 폭발로 30m 넓이의 분화구가 만들어졌다고 한다.

지구상 어디에서도 보기 힘들 정도로 신비로운 색을 만들어 내고 있는 이곳은 마치 외계 행성에 온 듯한 착각이 들 정도로 아름답고 신비로운 풍광이었다. 뜨거운 열기도 아랑곳하지 않고 열심히 사진을 찍고 있는데 가이드가 팔을 잡아끈다. 더 지체하면 날이 뜨거워 일정에 차질이 생기기 때문에 솔트 캐러반을 만나러 서둘러 다음 목적지로 가야 한다는 것이다. 화산 지역을 나와 30분 정도를 차로 달리니 사막의 모양이 바뀌어가고 있었다. 차에서 내려 보니 바닥이 육각형 모양으로 이루어져 있는데 바로 소금 사막이었다. 다시 차에 올라 20분 만에 도착한 곳은 솔트 캐러반이 일하는 장소였는데, 소금 매장량이 132만 톤으로 추정되는 엄청난 양이라고 한다. 이 소금 사막에서 소금을 채취하는 사람들이 솔트 캐러반이다. 시간은 어느덧 11시를 넘어서는데 이들이 일할 수 있는 시간은 12시까지라고 한다.

그 이후에는 더위 때문에 머물기 힘들다는 것이다. 뜨거운 태양 아래 소금을 채취하는 모습을 보니 왠지 안쓰러운 마음이 몰려온다. 이들은 이곳에서 소금을 채취해 4일을 걸어서 배라힐레에 가야 한다. 그곳에서 소금을 판매하고 다시 돌아오는 반복된 삶인 것이다. 너무나 고단해 보이는 이들의 일상을 생각하니 나는 참 편한 삶을 살고 있다는 생각이 들어 고개가 숙여진다.

뜨거운 태양을 피해 밤새 걸음을 옮기는 사람과 낙타와 당나귀의 뒷모습이 노을 속으로 사라져가고 있었다. 얼마를 더 걸어야 하는 것인지 알 수 없는 저들의 걸음이 왜 그렇게 싸하게 가슴을 흔들었는지 모른다. 평화로운 침묵으로 걸음을 멈추지 않는 저 잔잔한 삶을 보면서 내가 가야 할 길을 생각해 본다. 우리는 무엇으로 하루를 사는 것이며 어떤 미래를 갈망하며 살아가는 것일까?

참 어려운 길을 걸어가는 이방인의 눈에 비친 솔트 캐러반의 모습은 경건해 보이기까지 했다. 사진을 찍는다는 것은 어쩌면 저들의 삶에 잠시 동참하는 일인지도 모른다. 저들의 걸음이 나에겐 가장 소중한 피사체로 다가오는 순간이다. 내가 만난 그 어떤 풍광보다도 아름답게, 그리고 경건하게 비쳐진 이 한 장의 사진은 그들에겐 생활이지만 내게는 축복이다. 셔터를 누르면서 지금 이곳에 있음에 얼마나 많은 감사를 허공에 날려 보냈는지 모른다. 몸은 피곤하고 탈수증에 목이 타들어 갔지만 셔터를 누르는 이 시간만큼은 세상에서 가장 행복한 사람이다. 어느 누가 지금 내가 보고 있는 저 아름다운 모습을 담는 순간의 행운을 가질 것인가?

저들의 걸음걸음 하나가 심장에 박혀 온다. 가볍게 마른 땅을 밀치고 나가는 걸음에서는 인내가 느껴진다. 영상 50도의 폭염에 대한 두려움은 이미 기억조

차 가물가물하지만 셔터를 누르는 그 순간 만큼은 시간을 즐기고 있었다. 누가 뭐라 해도 나는 사진을 찍는 사람이다. 나는 지금 가장 행복하다. 더위에 몸이 만신창이가 된다 해도 나는 사진을 찍는 시간이 좋다. 사진가에게 척박한 환경은 새로운 것을 담을 수 있는 절호의 기회다. 그 환경이 더 어려워질수록 나는 그 순간을 즐기며 살아야 하는 사람이다. 안락한 곳에서 남기는 사진이 주는 편안함은 이렇게 진한 향기를 품어내지는 못한다.

내 스스로 사진에 빠지는 그 달콤한 순간을 느끼고 즐길 수 있었던 다나킬 사막에서의 시간은 차라리 행운이다. 사진가의 길 위에 서 있는 지금이 나에겐 선택보다 진한 운명의 순간이다. 이 소중한 한 장의 사진은 새로운 기록으로 남겨진다. 세상에 단 한 장밖에 없는 이 사진이 사진가의 심장에 새로운 생명을 불어넣어 준다. 호흡을 멈추고 셔터를 누른 에티오피아의 다나킬 사막은 어쩌면 나를 위한 거대한 세트장이었는지도 모른다. 그 귀한 선물을 선사한 그날의 인연에 깊은 감사를 드린다.

사막에서 물은 생명이다. 한 줄기의 물도 구경할 수 없는 이곳에서 물은 가장 중요한 생명줄이다. 먼지 가득한 마른 바닥에 누워 뜬눈으로 잠을 청한 후에 맞이한 아침, 머리는 먼지로 푸석푸석해져 있었다. 시원하게 머리를 감고 싶었지만 그럴 수 없다. 그것은 이곳에선 너무 큰 사치다. 한 방울의 물을 목구멍으로 넘기는 것조차 감사히 여기는 사람들 앞에 그런 모습을 보일 수는 없는 일이다. 난생 처음 영상 50도를 넘나드는 이곳에서 나는 스스로의 나약함을 느꼈다.

그리고 자연이 얼마나 두려운 존재인지를 알게 됐다. 결국 그 시간은 스스로를 겸손으로 몰아가는 시간이었다. 나는 세상에서 얼마나 많은 풍요를 누리며 살아왔는지. 그 풍요로움에 감사를 더하지 못한 내가 너무나 부끄럽고 또 부끄러웠다. 시원한 물 한 잔 마시는 게 소원이었던 이곳을 벗어나 나는 모든 것이 풍요로운 곳으로 돌아왔다. 잊지 말자고 다짐한다. 그래야 한다고 마음을 다잡는다. 나에게 감사하는 마음은 특별한 것이 아니라 일상의 모든 것에 해야하는 당연한 것임을 알아야 한다고. 나는 도저히 살 수 없었던 그 척박한 땅에서 살

아가는 사람들에게 고개를 숙여야 한다. 생각해 보면 그들보다 더 행복하게 살아야 하지만 나는 왜 그렇게 살지 못했는지…… 뜨거운 태양을 피해 오후에 저장해 둔 물 한 동이를 이고 가는 사람들에게 물은 그 의미를 넘어 이미 생명이다.

그 귀한 가치를 아는 사람들. 여행은 그렇게 나란 존재를 겸손하게 하고 감사함을 느끼게 한다. 다시 갈 수 있을지는 모른다. 어쩌면 다시 가는것 자체가 그 땅에서 사는 사람들에게 경의를 표하는 것인지도 모른다. 풀 한 포기 나지 않는 그 척박한 땅에서 존재하는 그들의 삶이 더 없이 풍요롭기를 바란다. 그리고 나에게 그 귀한 어깨를 내어 주며 인사한 가이드 '알리'에게 안부를 묻는다.

10년 전에 찍은 필름을 꺼내어 스캔을 했다. 덩달아 나는 10년 전의 여행을 떠올리며 입가에 미소 띄웠다. 내가 걸었던 거리와 내가 만났던 사람들. 어설픈 초보 여행자에서 지금은 전문 여행자가 된 그 시간과 공간에서 난 정말 행복했었다. 어쩌면 뚜렷한 미래가 없었던 그 당시가 더 두려움이 없었던 것 같다. 미래에 대한 두려움을 생각하기에 난 사진과 여행에 너무 미쳐 있었다. 막연히 여행을 떠나고 돌아와 사진들을 정리하면서 꿈을 키워가던 그 시간들. 도저히 이룰 수 없을 것만 같았던 그 당시의 꿈을 나는 이뤘다. 이제 나는 새로운 꿈을 꾸고 있다. 그 꿈을 이루기 위해 가끔은 과거를 돌아보는 훈련을 한다. 그 당시의 무모하리만치 열정적이었던 나를 찾고 싶어서. 이 책이 나오기까지 응원해 주신 모든 사람들에게 감사를 드린다. 그리고 천국에서 지켜 주시는 사랑하는 부모님께 이 책을 바칩니다.